★青少年成长必读★

青少年不可不读的100篇趣味素材

Qingshaonian Bukebudu De 100pian Quweisucai

秋 实◎编著

安徽文艺出版社

图书在版编目(CIP)数据

青少年不可不读的100篇趣味素材/秋石编著.—合肥:安徽文艺出版社,2009.5

ISBN 978-7-5396-3104-2

Ⅰ.青… Ⅱ.秋… Ⅲ.汉语-写作-青少年读物

Ⅳ.H15-49

中国版本图书馆CIP数据核字(2009)第058344号

青少年不可不读的100篇趣味素材　　**秋　石　编著**

责任编辑:刘　哲
出　　版:安徽文艺出版社(合肥市圣泉路1118号)
邮政编码:230071
网　　址:www.awpub.com
发　　行:安徽文艺出版社发行科
印　　刷:合肥市美格印务有限公司
开　　本:880×1230　1/32
印　　张:8.875
字　　数:170,000
印　　数:6,000
版　　次:2009年5月第1版　2009年5月第1次印刷
标准书号:ISBN 978-7-5396-3104-2
定　　价:16.00元

目录

学我者生，似我者死

大处着眼，小处着手

我之为我，自有我在

写在前面

《青少年不可不读的100篇趣味素材》初稿写完以后，便拿去请几位同行把把脉，意在查查病灶，不料得到不少热情的鼓励和宝贵的意见。令我十分欣慰的是，大家肯定了我的尝试，虽然书市上讲写作文的书到处都是，但用这种形式讲的，还不曾见过。

其实就我个人而言，这已算不上"尝试"，数十年来，茶余饭后，我就是这样讲的，甚至课堂作文教学，也基本采用这种形式。所谓差异，只是过去用口讲，现在用笔尝试着写。

得到鼓励肯定，给我写这本书增添了再尝试的勇气。

上一本书的写作旨念，是想激发同学们的写作情趣。一读写作的书心就烦，很像一见不想吃的东西就倒胃口，反过来，想吃了，总不能老是别人做你吃，就得学习自己去做。

这本书与上本书，就像下棋的两步，一是思考，二是走子。但又不像下棋，下棋有规矩，走子不回，作文不同，思考不周的可以"回子"，越回越好，几个回合下来，你就是"老手"了。

这本书的旨要，可以归纳成六个字，即"阅读、感悟、练笔"。

就谈写作这个角度来说，一般书上多按文体选择好的范文来讲析、引导。我没有这样做，其理由有以下几点：

我认为想把作文写好，不能单单去研究写作方法、写作技巧。方法与技巧固然要向范文学，但更要向实践学。如果还是遵从"写法"，哪里还要我来写这本书，书市上专家、学者的指导书太多了，都写得很好，去买一本回来看看就行了。

我认为真正要想写出好作文，就要提高人的全面素质，所以这本书里要阅读的内容，多取其义，不重其文，有的只是几句话、几句诗，乃至几个思考题。侧重于处世的方法，做人的道理，活学的态度，人生的本领。修心养性，学会与人共处，磨砺意志，勇敢战胜困难，慢慢把"人"字写端正，把思维转规范，这样，人想的、说的、写的东西的档次也就能高起来。

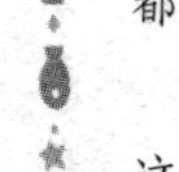

读贵在悟。辞书上释“感悟”一词为“感动而觉悟”。由此可见，感动是觉悟的前提，阅读是基础，读后无感无动，哪里还谈得上有觉有悟呢？无觉不悟，文还是文，你还是你，你要“读”干吗呢？

如果我选的例文全是写得好的，重其文而不重其义，你的感与动，恐怕多也重在感悟文采和文笔上了，文采、文笔那么好是一读就学得来的吗？就会写吗？我们的目的是学习写作，你自觉学不到，学不会，不又失去了写的兴趣吗？再以《岳阳楼记》为例，如果你单从写法上去学它，恐怕很难成功，大不了学得很像，那也只能“形似”，难得“神似”。只有感悟出范仲淹之所以写得好，是因为他的心胸开阔亮堂，具有“先天下之忧而忧，后天下之乐而乐”的高尚品质，文格高了，才写得出那样的好文章。文字再美，文格不高，那是什么“好”文章呢？学要学根学本。不信你可以试试，从自己身上找出某一弱点，如“对自己缺乏信心”，紧扣自己缺乏信心就某一件事去写一篇短文，要绝对真实，写好了放在那里。缺乏信心是一定要改的吧，等你慢慢培养，树立信心以后，你再去看看先前自己写的，再把那文章重写一篇，你就会发现，两篇文章截然不是一回事，这就是我讲学写文章要从“根本”学起的道理。

每篇例文后面，我都写了几句“阅读感悟”，那是我的，目的在抛砖引玉，青少年不能受其限制，可以认同，不可等同。例文引入门，感悟在各人。

每则的“强化练笔”下，我几乎都提供了几个文题，仅供参考，可以选用，可以一个不用，最好是根据阅读感悟，自己命题，写真人真事，也只有这样，你才能真正学会写作。“写法”在百练的实践中会悄然走到你的笔下。

建议一日一读，一悟一练或间隔几日，一读一悟一练，绝不可跟读小说一样，开个夜车，一口气从头读到尾，读完了，悟没出来，写更谈不上，那这本书的钱你就白花了。

时时在意，处处文章

成人为文“情”在先,学生作文“趣”在先，学生怕写作文、厌写作文,根本在乏“趣”。

“趣”字从“走”,从“取”,不走何取,不取何趣。只要你走近生活,就会发现金矿,就会趣味横生,文从趣来,笔下生辉。

一个学生高兴地告诉我："老师，我写了篇作文，请你帮我看看。"这个学生平时不喜欢作文，我又没有布置，他怎么自己写起来了呢，正诧异。他很精明，见我有疑，便又说："是真事，我一时来了兴，便写下来了。"

文题是《三个溏心蛋》。

放学时肚子就饿了，一路小跑回家，放下书包就冲进厨房，见锅台上一只碗里煮好了三个溏心蛋，我高兴得又叫又跳。我最喜欢吃溏心蛋，但妈妈规定，过生日吃，考了一百分吃，得了奖状吃，逢年节也可以吃。今天什么也不是，妈妈怎么也煮了溏心蛋呢？我说："妈妈，您真好，知道我想吃了。"刚伸手想端，妈妈说："不是给你吃的，快端起来给你三叔送去。你三婶回娘家去了，三叔病了，躺在床上。"

我一听气了，"我不送，他前天才把我家的小花狗腿打跛了，还送溏心蛋给他吃？"妈妈边炒菜边说："你这么小的孩子怎么学会记人仇呢？怎么就不想想，那年冬天，你掉水沟里去了，是你三叔跳到结冰的水里把你抱上来的，我和你爸都不在家，你三叔把你抱回去，烧火烘干了你的棉衣，又打了溏心蛋给你吃了吗？吃到狗肚子里去了？你腿上长疮，你三叔爬到悬崖上去采药草回来煮水帮你洗。怎么这些你记不住呢？记住，儿子，人跟人之间，多想想别人的好处，少记点别人的错……"

听了妈妈的话，我惭愧地端起碗，将一碗溏心蛋送到三叔家去了。

再来看看一个学生的《日记一则》。

大姨父和大姨来了，晚上在堂屋里喝酒，爸爸又喊来村里几个人陪客。我在房里写日记，我最讨厌写日记，天天记，哪来那么多东西记呢？堂屋里有说有笑，我更加烦躁，忽然想起老师说的："时时在意，处处文章。"我索性不写了，不如去看看大人喝酒说笑，看看到底是不是"处处文章"。

乡下人在酒桌上，无非什么好笑说什么，半天我也没有听出"文章"在哪里，急着日记没有写，正想回房去，突然听到大姨父说："听说你们这大草塘里出现一只大乌龟，到底是真是假？"大家又说开了，有人说是真，他看见了；有人说根本没有那回事；有人说，怎么没有呢，有磨盘大呢。

这时，姐姐把一大碗热腾腾的花椒鸡端上来了，"小能人"四爷说："不喝不准吃鸡，吃完了听我说。"

四爷就是吴家老四，是一位民办教师，能说会算，还会自拉自唱，是地方上有名的"小能人"，他一开口，总有故事，大家都催他讲。

他要开讲了，用手把油乎乎的嘴抹了抹，狠狠地吸一口烟，半闭起眼淡淡地说："哪有什么乌龟啊，是只大蛤蟆！"一桌人笑哄了。他顶真了，"笑什么，不信？我亲眼见的！有米筛大，全身青绿色，两只酒杯大的玻璃眼冒着红光，头上还有两只小角，一眨眼又沉下水去了。"一桌人又大笑，我也大笑起来，大姨父说："四爷，你这人能是能，但说的故事没有人肯信。"四爷笑笑，又呷了一口酒说："传言可信吗？有哪个传言是真的？你见过？听我再说个故事。"

乡下人相聚喝酒，就是为了取乐，大家又催四爷说吧说吧，我也来兴了，不想回房了。四爷说："有个秀才想去参加科考，做了一个怪梦，就去找丈母娘解梦，丈母娘很会解梦。哪知丈母娘不在家，小姨妹问他来干什么，他把事说了，小姨妹一笑：'这点小事还要找我妈？说说，我帮你破。'秀才说：'我梦见我家墙头上长了一棵稻子，不知这梦是好是坏？'小姨妹说：'你趁早别去考了，还是好是坏哩，大坏，墙上能长稻吗？那是天本之本。'秀才心里不快活，说：'还有一个梦，梦见我戴了顶草帽，又打了一把伞，不知道是好是坏？'小姨妹说：'更坏，你永远别去考了。你想想，一顶草帽把你头上的天就遮住了，再加上伞呢，那叫永无天日。'

"秀才垂头丧气地往家走，在村口见丈母娘回来了，也不说话，丈母娘一再问，他只好说了。丈母娘一笑：'她哪会解梦呢，胡扯八道，你说说，我帮你解。'秀才说了第一个梦，丈母娘说：'好梦好梦，你想想稻子怎么会长到墙上去呢？那是稻子飞上去的呀，快去考吧，你要高种(高中)了。'秀才很高兴，又说了第二个，丈母娘说：'更好更好，这叫冠上加冠呀！'"

大家听了都觉得没有多大意思，笑不起来，我大姨父知道这故事没讲完，就说："四爷，还有第三个梦，你没说完吧？"一桌人又哄起来了，四爷只好又补讲了第三个梦，第三个梦还没说完，一桌人已笑得东倒西歪，我大姨捂着肚子跑到边上蹲着笑。

我终于见了"文章"，匆忙回房里写成了这篇日记，只写了两个故事，它是"文章"，告诉我们传言都是假的，不可听。第三个梦的破解太丑，是荤话，是笑料，我没写。

我要学生时时在意，告诉他们处处有文章，不是信口开河的，是我在生活中感悟出来的。学生实践证明，如果坚持这样做，必然对写作文大有裨益，不少学生的作文真实地反映了这种收获，我无法一一举例。下面也说点我自己的亲身体验，也许可以让大家对这种“写作法”更加重视和进行尝试。

那年，我回乡不久，一日在集上的一个路口边小茶棚里坐着，跟几位老乡闲聊。突然来了两个人，是镇长和秘书，他俩要下乡去查秋收。镇长走走停下，摸摸口袋香烟没有了，便掏钱让秘书去买，镇长就在站在茶棚前跟老乡们闲叙起来。我不认识镇长，只听说他姓朱，当镇长三年了，为官清廉，口碑极好，是乡民们交口称赞的好人好官。

一会儿，秘书回来了，气喘吁吁的，脸色也变了，镇长看了说：“遇上鬼啦？”秘书吞吞吐吐地说：“朱镇长，今天别下乡了吧，我刚听见有人说要杀你。”这话要是一般人听到还不吓个半死！一棚子人也都吓坏了，朱镇长却若无其事，一边给大家递烟，一边对秘书说：“我上不愧天，下不愧地，中间不愧人心，谁杀我？你去问清楚，要不是杀我，这两包烟钱你认了！”

朱镇长仍旧和大家谈笑着，秘书回来了，只是笑，不说话，镇长也笑了：“笑够了吧，快说给大家听听，说完了下乡哩！”

原来是秘书在买烟时，听两个从身边经过的老夫妇在说要杀朱镇长，吓得就跑了。现在追上一问，老人眼泪都笑出来了：“我哪是要杀朱镇长啊，那等大好人，感恩还来不及呢！我儿子要结婚，我跟老伴一边走一边商量，办喜事就把家里猪杀了，老伴说猪不能杀，那猪正长哩，我生气了说，猪正长(朱镇长)也要杀……”

秘书说完了又大笑,一棚子人也大笑,朱镇长说:“笑够了吧,掏钱!人只要不做亏心事,就不怕鬼敲门!”

这篇短文让我们感悟了什么呢?其实,读书很细心的同学,已经在文中找到了,人的一生,只有上不愧天,下不愧地,中间不愧人心,才能白天不怕强人挡道,夜间不怕小鬼敲门。

这是一个人生的高标,迈向这个高标很难,但要想做一个真正的人,又只有不畏艰难地向前走。

朱镇长做到了,所以他活得舒心,放胆,处惊不变,临危不乱。

强化训练

《读〈朱镇长〉后的感言》

《如果我当镇长》

§如果人是正确的

一位牧师要赶写讲稿，妻子出门了，儿子在吵闹，牧师很烦，首先要使儿子安静下来。他无意翻开一本杂志，见上面有一张地图，一时心血来潮，便把地图撕成碎片，对儿子说："小约翰，如果你能把这些碎片拼起来，我就给你5美元。"

牧师以为这下好了，也够儿子折腾一个上午的，不料10分钟左右，小约翰就拼好了。

牧师看了惊诧不已，这是一张世界地图，地理知识很好的人也难拼成，惊喜地问："儿子，你是怎么拼起来的？"小约翰说："这很容易，因为地图的反面有个人的照片，我把这个照片拼到一起了，然后再翻过来。我想，如果这个人是正确的，那么这个世界也就是正确的！"

阅读感悟

我在班上读完这篇短文以后，大家反响不大，因为它只写了一件小事，而且没有复杂的情节。

我提出几个问题，请大家思考：

1. 如果地图的反面没有人的照片，怎么办？

有同学回答："可能有其他东西。"我问："何以见得？"回答说："因为牧师翻看的是一本杂志，而不是地图，一张地图反面可能没有东西,但杂志反面应该有。”我表扬了他,会利用提供的条件去思考。

2. 如果地图的反面是一张白纸,怎么办?

有一个学生回答:“再找一张地图来对照,虽慢一点,但总归可以拼出来。”

另一个学生说:“那样写出来就不是这篇文章。”

我表扬了这两个学生。第一位同学懂得思考,说明再难的问题,只要认真思考,都会找到解答,同时说明:解决问题不能只走一条路。第二位同学回答的同样好,他懂得了作文要先立意,确定主旨,根据主旨去选材表达。

3. 这篇短文的主旨是什么?也就是说,作者最想告诉人们的是什么?

有同学回答,是小约翰很聪明,有同学回答,是教我们学会动脑筋。答案不少,但似乎都还游离于短文真正想表达的主题之外。

4. 地图拼好了,小约翰应该说“如果人是正确的,那么地图就是正确的”。他为什么回答“如果这个人是正确的,那么这个世界就是正确的”?他拼的是地图,不是世界呀?

很快有同学说:“这就是作者写作这篇文章的立意!”我很高兴,因为他真正感悟出人与世界的关系。

强化练笔

《净化心灵》

《人人都献出一点爱》

《花与花园》

§做　鞋

美国前总统里根，小时候到一家鞋铺去定做一双鞋。

鞋匠问里根："你是要做方头还是圆头的鞋？"

里根不知道哪种穿法最舒服，无法回答，鞋匠说："你回去想好了再来告诉我。"

过了几天，鞋匠在街上碰到里根，又问里根是否想好了，里根还是举棋不定。最后鞋匠说："好了，我知道怎么做了，过两天你来拿鞋。"

过了两天，里根到鞋铺去取鞋，鞋匠给他的是一只圆头的，一只方头的。

里根大为惊诧，慌忙说："这是怎么回事？"

鞋匠说："等了你几天，你都拿不定主意，当然由我这个做鞋匠来决定了。这给你一个教训：不要等着让别人来给你决定你本可以做决定的事！"

里根后来回忆这件事，说："从那以后，我认识到一点，自己的事自己拿主意，如果自己遇事犹豫不决，就等于把决定权让给别人。一旦别人做出糟糕的决定，后悔的只是自己！"

阅读感悟

我第一次读完这篇短文，不禁拍案叫绝。拿到班上一读，引得哄堂大笑，有学生马上下结论："纯属作者杜撰！"

事情的真假并不重要，它不是新闻报道，也不是纪实文学，让人怀疑，有理；让人相信，也有理。

如若是真，我佩服作者善于观察生活；如若是假，我更佩服作者善于思考生活。

世上有许多道理，都该让人彻底明理，只有明理，才能正确对待人生。有不少道理，看似明白，实际并非明白，说理的人多用道理来阐释道理，让人越听越糊涂。

这位做鞋匠，堪称是教授级的鞋师，他把一个应该让人知道的道理，通过做鞋这件小事，让人彻底明白了。

最可贵的是他的"教育"方法。我们教书的要好好学习这位鞋匠，家长也该好好学习这位鞋匠。他先不露声色，一再启发你、引导你，当你始终启而不发，调而不动时，他当机立断，形成事实，让它不可更改，用无可挽回的铁的事实来告诫你：即使后悔，迟了！

强化练笔

在生活中去观察，寻找一件细小但寓意深刻的小事，仿照《做鞋》的写法，写一篇短文。

《读〈做鞋〉有感》

《一件小事里藏的大道理》

心　中

苏东坡与佛印和尚友情非常深，但二人都喜欢用语言相讥，各不相让，经常是佛印占上风。一天，两人又在一起。

苏东坡问佛印："你看我像什么？"

佛印说："我看你像尊佛。"

苏东坡心里暗喜，随即又问佛印："那你可知道我看你像什么？"

"像什么？"

"像堆屎。"佛印无言以对，但神色坦然。苏东坡哈哈大笑，十分得意。

回到家来，苏东坡还是满脸笑容，喜不自禁。苏小妹见状，问道："哥哥，什么事这么高兴？"

"哼，佛印这次总算栽到我手里了！"苏东坡得意地说。

知道原委以后，苏小妹大声说道："哥哥，你这次输得更惨了！"

"为什么？"苏东坡忙问。

苏小妹说："因为人的内心装着什么，外人能看到什么？心中有佛，看别人才是佛；心中有屎，看别人才是屎啊！"

苏东坡听了目瞪口呆，什么也说不出来。

阅读感悟

苏东坡与佛印之间，有许多奇闻逸事在民间传颂，大多具有十分深刻的教育意义。

他们之间友谊很深，相互敬仰，都十分佩服对方的人品学识。但他们常常正话反说，唇枪舌剑，互不相让，总想把对方压下去，其实大家都心知肚明，从不翻脸。这种幽默人生，只会让他们更加亲密无间，情趣相投，增长才智，既丰富了自己的生活，又给别人有益的营养。

我更爱这则“相讥笑话”，因为苏小妹的评析，实在称得上是金玉良言、哲理名句：“人的内心装着什么，外人能看到什么？心中有佛，看别人才是佛；心中有屎，看别人才是屎！”

强化练笔

《心中要有一盏明灯》

《多看别人的亮丽》

§独木桥的走法

弗洛姆是美国一位著名的心理学家。一天，有个学生问他：“心态对一个人会产生什么样的影响？”

他微微一笑，什么也没说，就把他们带到一间黑暗的房子里。

在他的引导下，学生们很快穿过这伸手不见五指的神秘的房间。接着，弗洛姆打开了房里的一盏灯，在这昏黄如烛的灯光下，学生们清楚地看见房里的布置，不禁吓出了一身冷汗。原来这房子的地面是一个很深的水池，池里蠕动着各种蛇蟒，包括一条大蟒和三条眼镜蛇，有好几条毒蛇正高高地昂着头，朝他们嗞嗞地吐着信子。就在这池子的上方，搭着一座很窄的木桥，他们刚才就是从这座木桥上走过来的。

弗洛姆看看他们，问：“现在，你们还愿意再次从这座桥上走过去吗？”

大家你看看我，我看看你，都不做声。

过了片刻，终于有三个学生犹犹豫豫地走过来。其中一个学生一上去，就异常小心地挪动双脚，速度比第一次慢了好多倍；另一个学生战战兢兢地踩上小木桥，身子不由自主地颤抖着，才走到一半就挺不住了；第三个学生干脆弯下腰来慢慢地爬了过去。

“啪”，弗洛姆又打开房里另外的几盏灯，强烈的灯光一下子把房子照得雪亮。学生们揉揉眼睛细看，才发现小木桥下张着一道安全网。

弗洛姆大声问:“现在你们谁愿意从桥上去过去?”

学生没有回答。弗洛姆说:“你们为什么不愿意呢?”学生问:“这张网安全吗?”他们心有余悸。

英涛《独木桥的走法》

阅读感悟

我对心理学一知半解,不敢从更深的角度来说这个实验。但从学生的最后发问:“这张网安全吗?”我有些感悟,这同中国古代的这则寓言很相似:

老马带两匹小马过河,小家伙第一次见到河,高兴得又蹦又跳,跑在母亲的前头,到了河边迫不及待地纵身一跃,跳进河里,哪知河水很深,差点淹到小马的头,小马吓坏了,一边扑通一边叫。老马知道河水就那么深,只要小马不再往前走,就不会淹死,老马首先告诉小马:“站好不准动,再动你就会淹死了。”小马不动,老马也不急于把小马拉上来,而是告诉他们,“你们俩记住:以后到了一个陌生的地方,先要了解那个地方的情况,山有多高,水有多深,沟有多阔,估计一下,自己有没有能力过去;二是万一遇到危险,踏入险境,首先是要镇静,千万不要在没有想到办法前就盲动,多数是本来危险不大,有解救办法的,一急一乱一慌,就彻底完了。”说完了,老马问:“记住了吗?”两个小马站在水里回答:“记住了。”

老马把小马拉了上来,带着它们沿着河边走了一截停下,老马说:“过河吧!”两匹小马一个也不敢下,老马问:“为什么不敢下?”小马说:“河水一样平,表面看都是一样的,不知哪里深哪里浅。”老马高兴地说:“很好,再教你们一个方法,不知道就问,要虚心问别人才会对你讲。现在下去吧，我知道这里很浅。”老马带小马平平安安地过了河。

世上最怕两件事：一是遇事盲目行动；二是烫了嘴就不敢再喝热汤。当然，喝汤前要试试！

强化练笔

《面临险境，必行镇静》

《有时要“爬”几步，并非奴颜媚骨》

《有时“怕”，不是胆小鬼》

《最忌盲动》

寓言诗

麻雀说燕子
是怕冷的懦夫
燕子说黄鹂
徒有一身美丽的装束
黄鹂说百灵
声音悦耳动机不纯
百灵说最无原则的
要算那鹦鹉
鹦鹉说喜鹊
生就一副奴颜媚骨
喜鹊说苍鹰好高骛远
苍鹰说麻雀鼠目寸光……

阅读感悟

这首小诗，如果一读而过，确实很难说出多少“感悟”，因为只有十二行，谈的一件事，互相看不起，或曰揭短，甲看不起乙，乙看不起丙，丙看不起丁，丁看不起甲，无人有长，全是其短，语义浅显，谁都看得懂。

请同学们注意，文学作品中，有不少“言在文内，义在文外”

的好东西，就是这么怪，这就叫艺术贵于单纯，并非好东西都是很深奥的，所以越是看似浅显，一看就明白的东西，你越不该大意。

那么，这首小诗的文外有什么"义"呢？

它告诉我们，要正确看待世界，看待人和事。

俗话说：十根指头有长短，荷花出水有高低，金无足赤，人无十全。

先就诗论诗。有些可能是"短"，例如，麻雀说燕子怕冷，燕子是怕冷，人家已有自知之明了，所以冬天它要飞到温暖的地方去过冬；有些不一定就是"短"，如黄鹂一身美丽的装束；有些是很难定论的，如喜鹊生就一副奴颜媚骨；有的压根就是长处，如苍鹰能飞得很高。不一一细说。

这一细想，也就"悟"出来了，何以要揭别人"短"呢？一是以五十步笑百步的，麻雀就不怕冷，比燕子稍好一点罢了，冬天屋檐下冻死的麻雀比比皆是；二纯粹就是忌妒，没有别人羽毛漂亮，没有别人声音悦耳。老鼠虽"鼠目寸光"，但在洞里就能听清洞外声音，决不冒险出洞；蝙蝠在黑夜中飞行，从来不会撞得头破血流。

进而延伸，联系到人与人之间，应该如何正确看待别人的长与短呢？正确的态度应该是以己之短比人之长，向别人学习，求自己进步；反之，就可想而知了。

如何才能掌握好尺度呢？首先是要有自知之明，自己都不知自己，最好别先评价他人。

强化练笔

这是一篇高考作文，就是让考生读这首小诗后，作两篇作文。

1.《××与××的对话》(200 字)

2. 写一篇议论文(600字)。

大家试着写写。也可以根据自己阅读的感悟，联系这首寓言诗，结合生活实际，自己命题，进行练笔。

人是这样成长的

一个孩子在充满批语挑剔的环境下成长，
他学会了吹毛求疵,谴责他人；
一个孩子在充满敌意的环境下成长，
他学会了争论反抗；
一个孩子在充满恐惧的环境下成长，
他学会了忧虑害怕；
一个孩子在充满怜悯的环境下成长，
他学会了自哀自怨；
一个孩子在充满嫉妒的环境下成长，
他学会了贪得无厌；
一个孩子在充满耻辱的环境下成长，
他学会了自觉有罪；
一个孩子在充满宽容的环境下成长，
他学会了有耐心；
一个孩子在充满鼓励的环境下成长，
他学会了赏识他人；
一个孩子在充满认同的环境下成长，
他学会了爱惜自己；
一个孩子在充满接受的环境下成长，

他学会了爱惜这个世界；
一个孩子在充满被肯定的环境下成长，
他学会了立定有自己的志向；
一个孩子在充满分享的环境下成长，
他学会了慷慨；
一个孩子在充满公正的环境下成长，
他学会了正义真理；
一个孩子在充满安全感的环境下成长，
他学会了信任他人；
一个孩子在充满友善的环境下成长，
他学会了热爱人生；
一个孩子在充满安宁的环境下成长，
他学会了平安。

（美）桃乐丝·诺特

阅读感悟

《人是这样成长的》这篇文字，学生要读，家长也该读，最好是家长和孩子一起读，针对自己的家庭，学学、读读、议议。

人的生存环境，很多都是很难改变的，尤其是孩子，在没有独立生活之前，衣食都要依靠父母，就更难改变了。

所谓生存环境，并非单指贫富衣食，相对来说，教化感化，对成人成才更为重要。孟子的母亲很懂这个道理，所以历史上有“孟母三迁”的故事。

俗话说“近朱则赤，近墨者黑”，这话虽不全面，也不绝对，但有道理。

我有很多画家朋友，常看他们有的工作服上五彩缤纷，什么颜色都有，有的则点色不染。这说明不是绝对的。

既然环境不能改变，你就得控制自己，不为环境所左右，这自然是指不利成长的环境。要学会“出淤泥而不染”，要学会“常在河边走，就是不湿脚”。

同学们见的很少，大人都知道这样一句话：“铁匠的围裙，一身火眼。”为什么？因为打铁时火星四溅，还有完整的围裙吗？肯定到处都是“火眼”。我在乡下一个铁匠铺里，就见到一位老铁匠围着的一件旧围裙，但没有一个“火眼”，为什么？因为他在铁砧子边上放有一块挡板，四溅的火星都溅到挡板上去了，他的围裙哪来的“火眼”呢？这说明只要我们“有备”，就必然“无患”，起码患要小点。

强化练笔

《不能改变环境，但能控制自己》

《听到赞美的时候》

《珍惜今天》

《别怕否定》

《小草与大树》

§多看一眼

我年轻时自以为了不起,那时我打算写本书。为了在书中加点“地方色彩”,就利用假期去寻找。

我要在那些穷困潦倒、懒懒散散混日子的人们当中去找一位主人公。

一点不差,我终于找到了这么一个地方。那儿到处都是荒凉破落的庄园、衣裳褴褛的男人、面容憔悴的女人。最令人激动的是,我想象中那种懒散混日子的主人公找到了,他是一个满脸胡须的老人,穿着一件褐色的工作服,坐在一把椅子上,为马铃薯地锄草,他的身后是一间没有油漆过的小木棚。

我转过身来,恨不得立即就坐到打字机前。

当我绕过木棚泥泞的路拐弯时,又从另一个角度看了老人一眼,这时我下意识地停止了脚步。原来,从这一边看去,才发现老人的椅边靠着一副残疾人的拐杖,有一条裤腿空荡荡地垂到地面上。顿时,刚才我还以为这个懒散混日子的人,一下子变成了一个百折不挠的英雄形象了。

从那以后,我再也不敢只看一眼就下结论了,感谢上帝让我多看了一眼!

(美)马里杰·斯比勒·尼格

阅读感悟

多看一眼与少看一眼，是由心理需求决定的。一般多是好的、喜爱的、关情的愿意多看一眼。如在街上看见一个逗人喜爱的孩子；女孩子在店里发现一件自己心仪已久的服装；就要离开故乡了，回头再多看一眼站在门前的父母……反之，不想多看一眼的，多是看惯了、看多了，不值得再多看一眼。

平时生活中，没有人要求事事处处都要多看一眼，所以如果有人问，你家住几楼，答曰“五楼”，再问你从一楼到五楼一共多少级，往往答不出，这些都关系不大。

多看一眼与少看一眼，一旦与求学认知联系起来，关系就大了。这不要细说，大家都会理解。

一次，一个朋友相约去看一位孟先生收藏的茶壶。这位堪称名符其实的壶收藏家，在他整整三间房里，27 个大小贴壁的木架上，我粗略数了一下，计有近 800 只壶，大小不等，颜色不同，形状各异。最大的一只据说能装 70 斤水，最小的一只不足一颗大葡萄大，非但壶腹雕刻有《山雨图》一幅，且开启的壶盖也是镂空的“双龙戏珠”。

大家在三间房里转了一圈，称赞一番，就到客厅里喝茶聊天去了，我一个人留在房里，目的就在多看一眼。

不久，我的一篇短文《壶趣》在报上发表以后，大家惊奇地问我：“你写的这些是胡编的吧？那天前后一个小时，你怎么了解这么多呢？”我说：“我比你们多看了一眼。”其实他们走后，我不但细细看了架上的壶，点点数，记住大致形状、色彩，还大略浏览了孟先生的《存壶档案》，有目的地记下了一些名壶的生产年代、产地、料质、工艺，甚至有具体的生产厂商名称、工艺师姓名。

老师一再强调同学们写东西要先观察生活，道理就在这里。

《多看一眼》告诉我们:一位可敬的英雄,差点被误认为是懒散混日子的穷汉,原因就在“多看一眼”与“少看一眼”上。

强化练笔

《说说走马观花》

《瞎子摸象的启示》

《父亲的一件爱物》

《看爷爷读报》

§完美与残缺

一个残缺了一片的圆，想要找回完整的自己，到处寻找丢失的碎片。

由于这个圆不完整，滚动起来非常慢，又因为慢，它才能从容地领略途中的鲜花美景，听鸟儿歌唱，和虫子谈心，感受着阳光的温暖。

它坚持不懈地找，终于又找回了它失去的碎片，它又完整了。当它因完整而往回滚动的时候，速度就非常快，到家它才后悔了，归途什么也没有看到。

阅读感悟

世上的事，多不是绝对的，只是相对的。人们都在求“完美”，其实完美也是相对的，十五的月亮是圆满的，那是肉眼所见，其实它非但残缺，而且缺得很。世上找不到一把尺子绝对准确，也找不到一台钟走得绝对准确。

从整体来看，做任何一件事，都要求做得尽善尽美，也就是完美，实质上那是不可能的，有人从这个角度看，它有这点不足，有人从另一个角度看，它有那点不足。

其实不完美，未必就完全不好。路走直了，省时快捷，但所见甚少，所听甚少；路走弯了，费时费力，但所见则多，经历则广，有时甚至在弯路上偶遇良机，意外收获，这就是说，得与失也是相对的。

强化练笔

《圆满之前……》

《残缺是一种动力》

《小议“遗憾”》

《该不该“骄傲”一把》

自　省

动物们聚在一起，大家都自省起来。

变色龙：只有流行色，永远没有本色。

竹节虫：伪装得再好，一飞便现原形。

人面虫：包装得再好，永远不是人。

鸵鸟：跑得再快，不会飞，总不算是鸟。

青蛙：坐井观天，天永远是一点大。

鹦鹉：嘴很乖巧，就是没有头脑。

乌龟：胜利，是因为兔子失误了。

猴子：因为去不掉尾巴，永远做不成人。

熊猫：虽很珍奇，但非熊非猫。

孔雀：只会炫耀尾巴，却同时露出丑陋的屁股。

蜗牛：为了放心，一出门就把家背着，太累。

狼：与狈为奸，与狗为友，永远找不到好伙伴。

燕子：为了生存，永远屈居别人的檐下。

狗：被骂成奴性的代表，是因为改不了依仗主人的威势。

巴特尔《动物物语》

阅读感悟

孔子说："吾日三省吾身"中"三"是虚数，并非就是限于三件事，意思是每天都从各方面反省自己。

孔子说到做到，他是圣人，严于律己，要做人的表率。

几乎没有人不知道这句话，也都理解它的重要性，但能真正做到的却寥寥无几。世上的事，多是知不难，行难。

鲁迅先生说："我常常解剖别人，但更严于解剖自己。"

鲁迅先生说到做到，他是伟人。

"解剖"与"反省"看似相近，但实则不同，人要想反省自己，必先解剖自己。只有解剖自己，才能发现自己的不足，而后才能反省，才会改正。

说世人都不注意解剖、反省自己，这话太偏激。最遗憾的是有人也把自己"解"了，把自己"剖"了，也找到了"病灶"，但怕痛，不敢找医生治。

请大家学学这些动物自省吧！

强化练笔

《揭短与护短》

《洗澡感言》

《镜子的正面与反面》

《恨病吃药》

绝　唱

世上有两种鸟，能在临终前发出美妙的歌声，那是天鹅和荆棘鸟。

天鹅珍惜生命，呵护美丽，热爱生活，捍卫爱情。它只在受病魔折磨，受暴力伤害，不得不离开世界时，才视死如归地引吭高歌，用最后的生命唱出对世界、生命、家园、亲朋的眷恋。它的歌声使人联想到落日的辉煌与悲壮，彗星陨落的闪亮和美丽，这是一种悲壮的美，崇高的美，乐观豁达的美，气势磅礴的美，可歌可泣的美。

荆棘鸟的绝唱，是以残酷的自我毁灭为惨重代价的。它没有受到病魔的折磨，没有受到暴力的伤害，然而却像厌世者那样选择最高的树枝，在空中做美丽的俯冲，一直到刺戳穿自己的胸膛，发出最凄美的啾鸣，才含笑葬于枝头。

如果荆棘鸟的绝唱也是一种美，那是病态的美，残酷的美，哗众取宠的美，可怜可叹的美。

我们该赞美天鹅的绝唱，该怜悯荆棘鸟的悲鸣。

阅读感悟

读完《绝唱》，我想起了“人生自古谁无死，留取丹心照汗青”，想起了“我自横刀向天笑，去留肝胆两昆仑”，想起了“一脚踢翻旧世界，两肩担尽万古愁"，想起了"死了我一个，自有后来人"。这是视死如归的引吭高歌，闪着美丽的光亮，辉煌与壮美永远回荡云霄。

自然，我也想起那些哀怨悲叹、泣不成声的凄凄惨惨戚戚。

再年轻的也不要讳谈"死"字，死，凡在生老病死规律之外，皆属意外。我们无须讨论这个问题，但只有深悟"生"的真谛，才能更加珍惜生命、呵护生命！

我有几个学生都在花季中消失了：有个学生，上午放学在路上还跟同学们一起谈笑风生，下午大家坐在课堂上课，他却投河了，始终没有找出原因，留下一个永久解不开的谜团。有位女孩夜间发奋苦读，因蚊子太多，用稻壳伴着"六六粉"（农药）熏蚊子，人和蚊子一起被熏倒了，再也没有起来。有一位学生借了同学一本《红楼梦》，约定按时归还，送书去时天已黑了，倾盆大雨，过河时桥冲断了，人被冲走了……还有更令人心痛的，遗憾的，可怜与可憎的，我不想说了。

珍爱生命吧！

强化练笔

《高扬生命的风帆》

《我想起海燕》

《面对湍急的河流》

《我歌颂天鹅》

《我蔑视荆棘鸟》

§流　芳

古时安徽寿县，一位县官牵着一头牛驮着点破行囊来上任。那是一头母牛，已经怀了小牛，到了寿县不久，便产下一头小牛犊。

不久，县官又要调到另外一个县去了。临走时他还是只牵着老牛驮着行囊上路了，而把小牛犊留在寿县。百姓都不理解，便劝他应该把小牛也带上。县官却说，小牛是在寿县出生的，是吃寿县草料长大的，不能带，执意不带。

这该算是一件小事吧，但善良的寿县百姓却视为大事，而且永远记下去、传下去。寿县城里不但有“留犊巷”、“留犊街”，还建了一座“留犊寺”，美誉传唱至今，这大约就是流芳百世吧。这样一件不起眼的小事就能流芳百世，看来“流芳”未必都要做出惊天动地的伟绩。

阅读感悟

大千世界里，“流芳百世”的人毕竟是少数。

但一提起“流芳百世”，人们总是认为那都是干了轰轰烈烈、惊天动地的大事的人。恰恰相反，有些人虽也干了轰轰烈烈、惊天动地的大事，却只能“遗臭万年”。

这篇小短文给我们哪些感悟呢？

一、流芳百世的事未必都是惊天动地的大事，所以我们做任何事，都应该考虑后果、影响。

二、做好事，为善的人，多怕别人感恩报答，他们做一件事，都是出自内心的想法，应该这样做，不能那样做。

寿县这位县官把小牛留在寿县，就是因为它是在寿县出生的，吃了寿县草料长大的，没有其他理由。似乎与自己品格高下没有关系，至于寿县后来有了“留犊巷”、“留犊街”、“留犊寺”，那是百姓们的事。

所以说，一个能真正流芳的人，心胸是坦荡的，不存一点杂念的。

三、人的欲望是没有止境的，有了一就想二，再说，县官如果把小牛也带走，谁也无话可说，谈不上“利欲”二字，因为小牛是他的老牛生的。从县官用老牛驮破行囊来来去去看，他是清贫的，一头小牛，对他也是举足轻重的，何况百姓们都劝他带走呢。终究，他还是执意不带。这点又告诉我们，在利害关己时，要把握好对错，不能为一时小利所惑。

强化练笔

《我也说件小事》

《一件事后的反思》

§要有自信

垂杨柳，倒开花，何时结果？
横竹根，直发笋，百日成林。

借这副对联想和写作基础差的同学谈谈自信。

传说江南有两个秀才同去赶考，结果两人都名落孙山了。在回家的路上，一个人依然故我，有说有笑；一个人垂头丧气，愁眉不展。走累了，两人在河边上小憩，喜笑颜开的这位兴致大发说："学兄，你看景色这么怡人，我俩对副对子吧？"愁眉不展的这位一听深深地叹了一口气说："学弟真是讨饭唱莲花落，穷开心啊，你看河边这些杨柳，垂杨柳，倒开花，何时结果？"喜笑颜开的那位纵身一站："好！横竹根，直发笋，百日成林！"回家以后，愁眉苦脸的这位细细咀嚼喜笑颜开的那位的下联，觉得极有道理，人应该要自信，在学弟的鼓励下，两人共同发奋苦学，次年两人双双中举。

第二年，两人回来又在小河边休息，当年愁眉苦脸的那位深有感触地说："得益学弟鼓励，当时我真的以为山穷水尽疑无路。"学弟听了哈哈大笑："这不柳暗花明又一村了吗？"

阅读感悟

这副对联告诉我们:人,必须要有自信心!

不少写作基础差的学生和他们的家长向我诉过这方面的苦,叹来叹去,无非叹脑子笨,不是那块料。一天,有个学生对我说:"老师,我写作文就像一支不下水的钢笔,写不到三个字就堵住了,真羡慕别的同学脑子好,水流多快,写多快!"我一听高兴地夸奖他,"你这个比喻太确切了,你这样聪明的脑子,能说笨?但这个比喻只生动说出了表象。有了表象,就要寻根究底,钢笔因何不下水,只有两种可能:一是笔坏了,二是出水孔被堵住了。你的脑子为什么比别人来得慢,绝不是生理上的问题,而是心理上的问题,没有自信。"

谈"自信"二字大理小理的文字太多了,我没有给那个学生讲理,从文前那副对联讲起,还举了许多例子,讲了许多故事,让他去慢慢感悟。

有了"自信",只能说是你有希望了,但实现希望,要靠做。写作基础差的同学怎么做呢?我把我教这类学生的做法提几点供大家参考:

一、允许写作基础差的学生可以不做老师的命题作文,但还是要写,别人写一篇你也要写一篇,甚至要多写一篇,写什么?写你心里想写的人和事或者所思所想,不准编造,要绝对真实。

二、实在不知怎么写或者写作情绪没调整好,不想写,那就抄。有个学生进我班之前写过作文,教他的老师都知道他"拒绝作文",索性也就不问他了。我没放弃他,让他抄。一学期下来他抄了一小本,我很高兴,问他有什么感悟?他说感悟很多。再问他有哪些感悟?他说了,但很乱,我建议他归纳成一条一条的,用文字写给我,过了几天他送来了:

1. 要抄文章，就要读文章，读多了也就慢慢培养了读书的兴趣；

2. 一篇很长的文章看完了总不能都抄下来，要选精彩的段落抄，这样既培养了取舍的能力，又提高了鉴别的能力。

3. 有的文章通篇意思非常好，写的人和事感动了自己，文章太长还是无法抄，就把全文概括起来，用自己的话，写篇短小的，很高兴，这不就是我写的吗？

4. 写作文信心增强了。例如，有一篇《百字铭》，后边有几句话："自跌倒，自爬起，靠人扶，全是假，且熬过三冬四夏，到雪后再看梅花。"

我看完他写的几条，又鼓励他根据这几条改写成一篇学习心得，他写来了，我在班上读给同学们听，表扬了他，他开始写作文了，交作文了，而且越写越好。

三、坚持天天写日记。请不要误解，我让写作基础差的学生写日记，不是说只有他们才该写日记。我教了三十多年书，有一条规定，学生必须写日记，我每周都要收来检查一次，不限文字多少，但必须天天有，实在没有可写的，就抄一段，连抄的也没有就写《今天我为什么没写日记》。

四、坚持每周写周记。写一周来你感触最深的一件事，一句话，一则见闻，一点感悟。

§广开源路

半亩方塘一鉴开，天光云影共徘徊。

问渠哪得清如许？为有源头活水来。

这首诗是宋朝理学家朱熹写的《观书有感》，借“方塘”比喻书本；借“天光云影”比喻书中丰富多彩的内容；借“水清”比喻知识明晰；最后用“源头活水”归纳，哪来这么多不绝的“活水”呢？是因为有水源，这个“水源”在哪里呢？在生活中，我们不单要在书中去读“天光云影”，更要在生活中去寻找活水源头。

读书是这样，写作文也是这样。

阅读感悟

这篇文字，我想跟学习作文的同学谈谈“寻找水源”，必须时时处处留心，不要指望哪里堆着金银珠宝，走去就可用车装船载回来。今天拾一点，明天拾一点，筐自然满了，“源”不在大，贵在不绝，细水只要长流，必能成江河。

这里举的例子，都是我从几位名师讲座中听来的，可惜他们也只介绍了学生作文的过程，无法提供学生完整的作文，我这里又做“二传手”，所以只能说大致如此，并非全然。

一年春天，某城市频频有狗咬伤人的事发生，上面下文要打狗,学校为了配合宣传,老师布置了一篇作文《谈打狗》,让学生写。

老师在批阅作文时,发现一个学生作文的第一句就是:“为什么要打狗?”下文写的全是反对打狗,这自然与教师命题的旨意相违,但看看她写的,并非全无道理,老师也没说什么。

不久,疯狗冲进校园,咬伤了两个学生,老师又出题让学生写《再谈打狗》,作文收来,老师先看了那个反对打狗的学生写的。不料第一句还是:“为什么要打狗?”再往下看,她写道:“狗咬人就该打死吗? 人咬人呢?”老师有点惊诧了,她这样坚持己见,必有道理,再往下看,文中写道:“一天,我上学从集市上过,集上人熙熙攘攘,一个衣衫褴褛的老爷爷挑着一担青菜,被挤得左让右退,无法挪步。就在此时,一个烫着‘鸡窝头’、满脸涂脂抹粉的年轻女子挤了过来,她像是有事,脚步匆匆。我亲眼看到她的花裙子是自己不小心挂住老爷爷的菜筐撕开的。哪知她一发现裙子烂了,转身就给了老人一耳光,还死皮赖脸地要老人赔偿。人越挤越多,大家都在指责那个女人毫无道理。这时,一位维持市场秩序的中年男子过来了,不料他刚听女人讲了几句,根本没有搞明青红皂白,竟然一把拉住老人的扁担,横鼻竖眼地要拉老人去办公室处理,虽然大家都帮老人说理,但他还是被拉走了。这女人是不是疯子? 那男人是不是疯了? 狗疯了该打该杀,人疯了该不该打该杀? ……”

这位老师是一位非常尽职尽责的好老师,他想,且不谈学生从另一角度去写反对打狗行不行,但从她如此固执偏颇,从一点出发坚持她的观点,个中必有隐情,先搞清楚心理,再谈写作。

一天放晚学,他按照地址找到了这个学生的家。学生住在城郊,是离学校足有十几华里的一个小山坡上。当他喊学生的名字时,院门打开,一条大黄狗向老师蹿了过来,老师吓出一身冷汗,哪知那狗跑到老师边上,非但不咬,且摇头甩尾,显得十分亲善友好。原来这个女学生是一个孤儿,父母双亡,母亲死后,外婆见她孤单,就抱来一只小狗给她做伴。从此她与小狗相依为命,上学小狗把她送到路口;放学小狗早就在路口等她;她烧饭,狗在灶边,她做作业,狗在桌边;她睡在床上,小狗睡在床脚边。这样的狗,能打吗?了解这些以后,老师先跟她谈了应该怎样正确看待她喂着的小狗与咬人的疯狗,然后又谈了应该怎样立意选材写作文。在老师的鼓励下、帮助下,这个学生写了一篇《我的小花狗》,发表在一张语文小报上,受到广大读者的称道。

这个例子说明什么?首先应该肯定这个学生的作文观点正确,作文不是人云亦云,要写自己真实的思想情感,要敢写自己的爱恨,坦言自己的观点与态度,这才是自己的作文。我在这里重述这个故事,也只想告诉学习作文的同学,首先要有明确的写作观点。

这里肯定有同学提出疑义:老师让写《谈打狗》、《再谈打狗》,她到底该怎么写呢?我以为这并不妨碍她写,老师出的作文题是《谈打狗》,而不是《谈打你家的狗》,这是两回事,对不同的事,必定要有不同的认识与观点,她家小花狗不该打,疯狗也不该打吗?至于恶人该不该打,则更是另一回事了。她把几个不同的概念混淆了。

下面再谈一个《一碗水饺》的例子。

一个学习和品德都不错的学生,还是班上的学生干部,因为犯了错误,教他语文的班主任老师把他干部免了,这个学生心胸比较狭窄,从此记恨老师,时时想借机出气。一天,机会到了,他从食堂吃饭回来,见老师把一大碗水饺倒进食堂门外的杂物缸里。回到教室,他一气呵成,写了一篇《一碗水饺》悄悄地放在老师的办公桌上，老师一看，开头是这样写的："今天在学校食堂的杂物缸里，我看到许多水饺，我一数，共有12个，谁倒的？你知道粮食是怎么来的吗？你敢站出来承认是自己倒的吗？"下面洋洋洒洒大谈粮食来之不易，谴责之词，充斥全文。他的这口气终于出了！

周末，班主任把他喊到办公室，告诉他："水饺是我倒的，你的作文写得好，写得对，我向你承认错误！这事就谈到这里。我知道你有情绪，这完全可以理解，我很忙，一直没有机会跟你好好谈谈，并向你表示歉意，等有时间，我们再好好谈谈。"最后，班主任老师还说了许多鼓励的话，学生走了。

过了几天，教这个学生数学的老师也把他喊到了办公室，和颜悦色地给他讲了一个故事：一位女老师，丈夫在部队里，她教两个班的语文课，还代一个班主任，家里有位老人躺在床上，还有一个上小学一年级的孩子。一天上午，她连上三节语文课，放学后又匆匆忙忙买了一碗水饺放在桌上，再去接孩子。哪知一进屋，看见一碗水饺溅得满桌都是，原来屋子年久失修，屋顶上的泥土脱落，一下子落了一碗，你说这碗水饺还能吃吗？该怎么处理呢？这位老师还没讲完，学生的眼就湿润了。

过了几天，那位语文老师又收到一篇作文，仍是《一碗水饺》，同样是没有读完，老师的眼泪就下来了，但是一边笑一边流泪的。

我一直劝学生不要一天到晚都在找写作方法，要在生活这个"源"里去找"活水"，学会发现，学会感悟。有了素材也不等于文章就写好了，要首先认识生活、理解生活，不是什么"粉"都能做粑吃的！

§有的放矢

磨砺以须，问天下头颅几许？

及锋而试，看老夫手段如何！

民间流传的这首剃头铺的对联是太平天国极有影响的人物石达开写的。在广西贵县一带，又传说这是太平军一个文墨很好的学人冯云山写的。我在一本书上看过，说这是石达开和冯云山合作的，上下联的前四字是冯云山作的，后七字是石达开对的。

石达开是客家人，年轻时就很有抱负，喜欢结交四方豪杰，欲举天下大事。石达开有个好友李文彩，是个剃头的，手艺极好，可惜很穷，石达开就资助了他几个钱在车马往来人挤人的交通要街开了一个理发店。石达开的此举有两得：一是帮友举业了，二是也为自己建个"联络站"。小店开张时，学人冯云山为小店写了一副对联，原联是这样的：

磨砺以须，天下有头皆可剃；

及锋而试，世间妙手等闲看。

这副对联应该说写得还是很不错的，紧紧抓住了行业手艺的特点，又不是直说我的剃头手艺很好，快来剃头吧。而是构思精巧，委婉出语，十分讲究文字艺术修养，要说的都交代得十分清楚明白：剃须刀和理发剪都磨得十分锋利，无论你是长发、短发、寸板头、和尚头、刺毛头都可以剃，且剃头的又是世间妙手，不信你就来"试试"吧！看了这样的对联谁不想进来试试呢？

石达开看了后笑笑，他也承认冯云山写得好，但只达了冯云山的意，而没有达石达开的意，他提笔改成：

磨砺以须，问天下头颅几许？
及锋而试，看老夫手段如何！

对联一贴出轰动效应是有了，看联人如潮涌来，鞋挤掉了，小食摊挤翻了，大人叫、孩子哭，伸头一看，我的妈呀，这哪是剃头铺对联，这是屠宰场吧，谁敢进来！细细一嚼，也没有什么不妥呀，冯云山正在发愣，石达开说，我没有改动你的原意呀？你说天下有头皆可剃，我问天下有多少头要剃呢？你说是世间妙手，我比你还谦虚得多，只说来试试吧，看看我的手段如何，手段不就是手艺吗？他解析得也很在理。

阅读感悟

同写一事，同状一物，冯、石两个人为何写出来差异这么大，可以说一百个人写出来也不应该雷同，道理其实很简单，诗言志，文亦如此。何为志？志向、志愿、抱负、决心。凡下笔之前先不能老在想怎么写，而必须首先确定为文要达什么标的，再去选取达标的材料，最后才是想怎么写。"标"即是"的"，有的才能放矢。

冯云山何以是那样写？他的目的是为剃头铺招揽生意，刀快、剪快，手艺高强，什么头都能剃，目标达到了。石大侠何以那样写？因为他是醉翁之意不在酒，他的目的是要言志，杀尽天下恶人，为穷苦百姓争天下。借物言志，借物抒情。

先确定写作目标，是初学为文者必须切记的。有了明确的目标，再选达意的材料，文怎么写，只有各显身手了。再看两副剃头铺门联：

相逢尽是弹冠客，
此去便无搔首人。

虽说毫毛手艺，
却是顶上功夫。

后面一联极值得赏析，你如细细咀嚼，回味无穷。

§画龙点睛

常如作客，何问康宁；但使囊有余钱，瓮有余酿，釜有余粮，取数页赏心旧纸，放浪吟哦；兴要阔，皮要顽，五官灵动胜千官，过到六旬犹少！

定欲成仙，空生烦恼；只令耳无俗声，眼无俗物，胸无俗事，将几枝随意新花，纵横穿插；睡得迟，起得早，一日清闲似两日，算来百岁亦多。

上面这副对联是郑板桥六十岁时的自寿联。

郑板桥是“扬州八怪”之一，人说他是“怪中之怪”，不但诗怪、文怪、画怪、字怪，连他的思维也怪、出语也怪，这个“怪”字对他是褒赏，称道其构思奇巧、超常，出言巧妙精琢，非常人所能思，非常人所能言。

阅读感悟

天下为文，无非就是叙事、抒情、状物、言理，统为写事写人。写人先要知人，知人又不能把所知的全写下来，那是记账。老师出个作文题《我》，就是让你写自己，天下还有谁比你自己更知道自己呢！但有许多学生向我诉苦：“老师，写我什么呢？”我说：“你自己都不知道你该写你什么，我怎么知道呢！”

这不是推脱，因为我实在不如你自己知道自己，但学生也不是无疑问，而实在虽是十分知道自己，但不知该写哪些，这正像一个人要出门做客，总想穿着合体漂亮的衣服展示一下自己的风采，但衣服太多了，穿哪件好呢？无衣可穿不好，衣多了也未必好，但多比少好，可以筛选，虽然筛选要费点思考。

先来看郑老先生是怎么“筛选”的吧！

郑板桥是乾隆进士，官不大，只是个知县，但诗书画名气极大，画尤兰竹，书工隶、楷、行三体，诗近似白香山、陆放翁。作为文人，他是个大名鼎鼎、满腹经纶的学者；作为官，他又是个家喻户晓、有口皆碑的清官，他关心民间疾苦，连窗外风吹竹响，都称是民在苦叹。这样一个人，已经60岁了，他的所见所闻、所思所虑，该要一本多厚的书才可以写清，不细筛精选怎么写呢？这副小联，连标点符号才126个字，写清了，道明了，没用华丽辞藻，不事刻意雕琢，谁都读得懂，谁都明其义。他的“功夫”在哪里？人究竟该怎么写呢？写人就像画龙，画龙要点“睛”，有“睛”龙才活，才有神，才能游，才能飞。否则就是瞎龙，纵然能游，也只是乱碰撞。人的“睛”到底在哪里呢？在人品，在行为，在语言。所以在写人之前，你的心中必须先明确这个人是个什么人？是高尚的，还是低俗的；是道德君子，还是卑鄙小人；你是想歌颂他，还是想批评他，这个位定好了，人的“睛”就出来了。郑板桥这个人的“睛”在哪？在名士风度，在圣哲胸怀。

你怎么看出他的“风度”呢？上联写了：人活着唯求自己口袋里有点零花钱就行了，口袋装满又能装多少钱？言不贪不赃。酒坛里存点余酒就行，锅里（指缸）有点余粮就行了，肚子不能饿，有了这些足矣，就可以赏心尽兴地铺纸作画写诗了，点睛之笔在“五官灵动胜于千官”，人不是混世虫，五官皆能用，五官皆要用，五官都有用，顶一千个无用之官。这不是名士风度吗？下联写：想成仙的人无可指责，比成恶鬼好。但世上见过几人真正成了“仙”呢？想太多了，只能自寻烦恼。想成仙无非有二：一是长寿，多长呢？迟睡早起，一日能顶两日，活了60，已经是120岁了，还不长吗？二是为求清心，不成仙照样可以清心，俗声勿听，俗事勿视，俗念勿生。

郑板桥何以写出了这样的名士风度、圣哲胸怀呢？因为他是名士，他是圣哲，他了解自己，写好了自己再写别人。

俞曲园，是清代道光进士，也是章太炎的老师，一生研究经学，博览群书，著有《春在堂全集》。这样的大学问家怎样写自己，怎样总结自己一生呢？

生无补乎时，死无关乎数，辛辛苦苦，著两百五十余卷书，流播四方，是亦足矣。

仰不愧于天，俯不怍于人，浩浩荡荡，数半生三十多年事，放怀一笑，吾其归乎！

这副对联的“睛”在哪里？在于写出了一个胸襟坦荡、旷达气概的学者仁人。

人的一生要怎样度过？“生要补乎于时”，何谓“补乎于时”？奉献社会。一生写了两百五十卷书，流播四方还不是奉献吗？“生无补乎于时”是虚怀若谷的自谦话，自感足慰就行了。

人的一生要怎样度过呢？抬头看，上不有愧于天，低头想想，下不有怍于人，怍也是惭愧。一生不愧天不愧人，还不该放怀一笑吗？

写自己要先找到“睛”，写别人也要先找到“睛”，再看看下面这副对联：

今日到南苑，明日到北海，何时再到古长安？叹黎民膏血全枯，只为人歌庆有。

五十割琉球，六十割台湾，而今又割东三省，痛赤县邦圻益蹙，每逢万寿祝疆无。

一看便知，这是一副骂联，是章太炎骂慈禧的一副名联，把一个祸国殃民的民贼骂得狗血喷头，大快人心。

上联骂慈禧只顾个人贪欲，在国家满目疮痍、民不聊生的时候，却大兴土木，仅“修复圆明园”、“中南、北海工程”、“南苑工程”、“颐和园工程”就耗银千万两，“黎民膏血全枯”，何等殃民?!

下联骂慈禧只顾卖国求生，50岁时割琉球给日本，60岁时割台湾给日本，70岁又让沙俄、日本占了东三省，“痛赤县邦圻益蹙”，赤县代中国，“圻”就是“垠”、边界，“蹙”这里作紧迫或收缩解。

这个太后做一次寿割一次国土，要百姓祝她“万寿无疆”，她可想到这样下去最终是“每逢万寿祝疆无”啊，何等祸国?!

这副对联的“睛”在哪里，或者说写慈禧这个人的“睛”在哪里？在祸国殃民上。

这几副联让初入者学习，难度大了一点，再说一句，不是学习写对联，而是学习作文写人，写人的方法很多，但“画龙点睛”这个道理必须懂得。

读贵在感，感贵在悟

会读书的人，绝不只专心读别人写的书，他读五光十色的生活，读丰富多彩的人生，读千变万化的世界，眼见为真，目睹事实，真实才能感人，先感人才能后悟。

有人把读书只认作为求知，这片面了，求知只是认知，读书还是一种美德。

书是大米、蔬菜、营养品、良药；

书是肩膀、翅膀、阶梯、舟楫、桥梁；

书是阳光、生命、血液、源泉、钥匙；

书是社会、大学、窗口；

书是导师、朋友、助手……

“开卷有益”这句话不错，但要有前提，必须是好书，有些书是恶魔、毒药、美女蛇、吸血鬼！

“读书有法”这句话不错，但要有前提，必须是好法，所谓“好”是指适合你，能开你的锁，能解你的疑，能答你的难，能传给你的道。

读书的方法太多，有的主张涉览，有的主张精读，有的主张背诵，有的主张感悟，有的主张“不求甚解”，有的主张“细嚼慢咽”，有的主张“先专后博”，有的主张“先博后专”，有的主张“眼读手记”，有的主张“眼读心记”……

法有千万，因人而异；法有万千，因时而异。

切忌：机械模仿，生搬硬套！

切记：有的放矢，有益高效！

学习作文，就必须多读书，“书读百遍，其义自见”，“读书破万卷，下笔如有神”。不读书就不知书里有挖不尽的珍宝；不读书就不知书里有流不尽的清泉；不读书就不知道书是水，我是鱼；不读书就不知道书是土，我是树。

有人买书读，有人借书读，有人抄书读，还有人躲在窗外听别人读，自己用耳“读”，这些人之所以如此热爱读书，是因为他起码懂得了读书有益。

我跟学生讲写作文，曾经打过一个比方，写一篇作文，就像栽一棵树，树要栽在土里，土就是生活，栽下去如果土里营养不够，如果要阳光雨露、肥料，这些就要靠“读书”。

怎样读书呢？要注意以下几个方面。元朝有位文学家叫袁桷，他总结出“切忌五失”，我把它的大意列在下面：

一、切忌不加选择地贪多，结果贪多嚼不烂，囫囵吞枣，食而不知其味，要有目的、计划、选择，这样才高效有益。

二、切忌急躁，读到好文章羡慕敬佩是对的，但急于想达到别人的水平，达不到就丧失信心，就退缩。

三、切忌有始无终，有目的无计划，有选择的读书，该读的书要坚持读下去，读读就厌烦了，为图新鲜而又换别的书来读，结果什么也没读好，劳而无功。

四、切忌模仿，急急想赶上别人，好高骛远，不懂求知要循序渐进。

五、切忌在把读过的知识化为写作能力时，知识是一知半解的，基础不牢，结果盖不成房子，自己又找不出原因。

究竟什么才算最有效的读书法呢？前面说了，因人而异，对别人适合的，对你不一定适合；因时而异，对昨天适合的，对今天不一定适合。

有一个适用于每个人，适用于每个时间段读书的方法，那就是感悟。

“读贵在感，感贵在悟”，足见“感”与“悟”不是一回事，所谓“感”，是指读后有触动、有感想。有人读着读着，忽然把桌子一拍，甚至大叫一声“好”！这说明他的心灵被触动了，情绪被激发了，有感而生了，有感而起了，但这时如果你问他“读到什么好的了”，他可能还是只回答你一个“好”字，你再问他怎么好？可能他一时答不出，因为他只是被触动，有感想了，但还没有“悟”透。“悟”是由觉醒到明白，再到领会的一个全过程。

有了触动、感想，即说明有了感悟的基础了，感悟必须有个过程，由浅入深，由小到大，最后才能恍然大悟、豁然大悟。

书，读到恍然大悟、豁然大悟，感知就变成了认知，知识就变成了能力，读书求知，变成能力才是真知。

我小时候老师教的一句话，现在送给大家：“读书不感悟，再多无益处。”

三枝谷穗

有一位师父收了三个徒弟。

一天，他给每人一枝谷穗，说："明天告诉我有多少颗谷粒。"第二天，徒弟们来报告。

大徒弟说："一共 1328 颗。"

师父问："你是怎么数的？"

大徒弟说："揉碎了，放在纸上一粒一粒数的。"

二徒弟说："1430 颗，揉碎了撒在地上，抱一只公鸡来啄食，数鸡点头次数得出来的。"

三徒弟说："我这枝 1379 粒。"

师父问："你是怎么得来的？"

三徒弟说："先问两位师兄，然后取中间数得来的。"

师父说："好，你们都出师了，明天下山吧！"

众徒弟疑惑："您还没有教我们呢？"

师父把大徒弟叫过来，说："你办事耐得住劳烦，是好事，以后要开阔心胸。数谷粒的时候，你是不是常常眼花，是不是做梦都梦见谷粒？耐烦之人要学习疏朗心境，免除急躁。"

师父对二徒弟说："你比师兄机巧，会用工具。公鸡吃谷你得数，但以后要学会辨明真假，因为公鸡吃谷点头，吃沙也点头，你怎么知道吃到肚里的都是谷粒呢？"

师父又告诫三徒弟:“你最聪明,因为你知道用人,人间的事都是利用人。甲利用乙吃粮,乙利用丙穿衣,丙利用丁盖房,用人又要为别人所用,互济。你用的是他们的心念,这比实物更有用。我要说,以后别轻信。人会利你,也会误你。”

师父又给三个徒弟各取了一个法名,分别是明远、明实、明心。

鲍尔吉·原野《三枝谷穗》

阅读感悟

这是一篇非常值得认真阅读、反复思考的好文章。

一、一件小事,也可看做是一次考试。

师父分别给三个徒弟每人一枝谷穗,让其数谷粒。数完了,徒弟报上答案,师父没说对不对,但都不忘问一句,“你是怎么数的?”师父的用意出来了,他是“醉翁之意不在酒”。

二、借事说理,充分肯定别人的长处。

师父说:大徒弟办事耐得住劳烦;二徒弟懂得机巧;三徒弟最聪明。所以说,通过“考试”,“你们明天都可以下山了,出师了,可以去独立闯天下了”。

三、说事明理,不空泛,不教条,让人心悦诚服。

耐得住劳烦好,但要疏朗心境,免得产生急躁;机巧好,会用工具,但未必准确;聪明好,会用人,但人会利你,也会误你。

这是一位什么样的师父?如此懂得教化,如此善于教化!我读过这篇短文曾经想,如果这位师父教过我,我也从那里学到十分之一,我的学生又将得到多少收益。

这场“考试”结束了,师父“评卷”也结束了。同学们认为呢?

我认为师父又发下了一份“考卷”,他为什么把三个徒弟分别取法名为明远、明实、明心？

这份“考卷”，请同学们去做，去做出准确答案。

这里，我再做一点提示：一般来说，凡“耐得往劳烦”的人，能尽善尽美地完成眼前的事，每每很少考虑远久的事，因为他的心专在眼前，操在眼前的事，这种人应该“明远”；机灵的人懂得事事机巧，往往忽略脚踏实地，这种人应该“明实”；最聪明的人多过于相信自己的聪明，心里只有“聪明”两个字，不知世上还有“聪明反被聪明误”，这种人最该“明心”。

这只是我的阅读“感悟”，也许是谬误，大家最好能争议一下。

强化练笔

《如果我是第四个徒弟》

《给老师的一封信》

《读〈三枝谷穗〉后》

§教　子

郑板桥是“扬州八怪”之一,诗书画三绝,是个大学问家、大清官,他严于律己,生活清贫,一件衣上补丁加补丁,爱民如子。

他五十来岁才得子,自然十分疼爱。

一天清早,郑板桥正要去上班,走到院子里,看见儿子正站在房檐下啃一只鸡腿,他笑笑,摸摸儿子的头,准备要走。忽然看到院子门口,女用人正在低头洗衣,盆边站着一个孩子,是女用人的儿子,跟自己的儿子差不多大,两眼紧紧盯着他的儿子在啃鸡腿,手在嘴边抠得口水淋淋,自然是想吃。

郑板桥一见心里十分难过,立即把夫人喊来,让她看看,然后严肃地对夫人说:“怎么可以这样呢,我儿食,人儿望,我儿是儿,人儿不是儿?退一步讲,小儿不懂事,见别人吃就想吃,这也是常事,但你可想到,孩子母亲的心里呢?她知道她儿子也想吃,她有什么办法呢?一定是心里如刀割一样,泪水只有往肚里吞啊!”

郑夫人立即又拿来一只鸡腿给女用人的儿子,板桥再叮嘱夫人:“今后凡吾儿食,人儿必食,吾儿食什么,人儿食什么,这才是为人正道。”

郑板桥临终前,把儿子喊到床边,要吃儿子做的馒头,儿子哪里会做呢,板桥命令他去请教厨师,向厨师学习。儿子只好跑去请求师傅教他,费了九牛二虎之力把馒头做好了,端到床前,父亲已经断气了。

儿子哭着跪到床前，才发现茶几上有一张字条："淌自己汗，吃自己饭，自己事情自己干，靠天靠地靠祖宗，不算是好汉！"

儿子终于明白父亲为什么要他学习做馒头了。

阅读感悟

一位朋友问我："望子成龙这句话错不错？"我一时反应不过来，这话错在哪里呢，瞪着眼睛看他，反问道："你说呢？"他也没有回答我，又问："如果成不了龙呢？"我说："起码要成人。你该不会希望你儿子成虫吧？"他又问我："那要真成虫了呢？"啊，我终于明白了，他的儿子是我的学生，品学皆很差，再不好好教育，悬崖勒马，大有"成虫"的可能，他是想把责任推到我的身上，推到教师的身上。

我理直气壮地告诉他："如果你儿子真的成了虫，该打你 99 板子，只该打我一板子。"

轮到他瞪眼了："那要教育干什么？"我说："你还知道有'教育'二字吗？教育就是教师专利？什么叫教育？就是口头说教？"

我们是朋友，而且是好朋友，他本是为困惑而来的，不该这样不着边际的口战下去，我便拿出这篇《教子》给他看。他是"粗人"，肚里墨水不多，看完了说："这里前边写的是郑板桥怎样教妻的，不是教子的。"我说后边呢？他没做声。

我见上题了，便给他解惑，我说："现在就事论事，板桥儿子手上的鸡腿是他母亲给的，只给自己儿子，没给用人的儿子，如果每次都这样他儿子必然只能我吃你看，这是天经地义的，便慢慢滋生优越感，没有怜悯心，没有同情心。如果每次他有的，用人儿子都有，又会培养出一种什么样的情感道德呢？孩子是在特定环境中长大的，什么样的环境教育出什么样的孩子，这点你没有疑问吧？

“再说你，你忙着赚钱，顾不了教育孩子，这是事实。你儿子会抽烟，而且抽的是好烟，有时老向你要，你还给他买，你是经理，有人送好烟，这是不是环境造成的？你儿子会打麻将，你家天天晚上有牌桌，有时通宵达旦，他还要学吗？你儿子会喝酒，还经常请同学们下馆子，你家有钱，家里天天杯盘狼藉，酒水横流，这还要学吗？你没有时间教育儿子，你不能抽空想想自己？分清对错，找找原因，想想克服办法？请客下馆子，打麻将别在家，断绝他的烟钱……”

路走弯了，不能继续走下去，要另找一条。

教育，不单是学校教师的事，“家教”更重要！

强化练笔

《爸爸请听我说》

《我爱我家》

《跟母亲谈心》

§父与子

胡质、胡威父子俩都是极清廉的官。

一次，胡威去探望父亲，胡质的一位部下知道胡威出门了，便暗中相随，带着食物与盘缠沿途悉心照顾，事事关照。

胡威很奇怪，经打听才知是父亲的部下，谢绝了他的好意，但心里很高兴，也很快慰，这说明人人都是爱清官的。见到父亲以后，胡威如实地把情况告诉了父亲，想让父亲也同享快慰。

不料胡质知道以后，非但没有一点喜色，反而立即把那个部下找来，打100棍不算，还革去了他的职务。

胡威做徐州郡守时，晋世祖皇帝司马炎接见了他，因为司马炎也听说过此事，便问胡威："你和你父亲相比，谁更清廉？"

胡威回答说："我不如父亲，我的清廉，就怕别人不知道；父亲的清廉，就唯恐别人知道。我比父亲差远了！"

阅读感悟

小时候一位老师说："说话与做事不但可以反映一个人的性格，更能体现一个人的品德。"我朦朦胧胧地懂得一点，但感悟不透。

生活慢慢地告诉我们：

有些人说了不做，有些人先做后说，有些人做了也不说。

第一种近乎“骗子”，第二种近乎“孩子”，第三种近乎“圣贤”。要学习“孩子”，说实话，力争成“圣贤”，学高尚，绝不要成“骗子”。

有些人做好事，就怕别人不知道，那是一种“买卖观念”，想“盈利”，想以微小付出，换来更大的利润；有人做好事不想让别人知道，那是悟透了人生价值，人活在世上，只能做好事，不能做坏事，该我做的，有什么可说的，你知道不知道，与我做不做没有什么关系。

世上凡是做坏事的，都怕别人知道。他想归他想，“只怕你不做，不怕人不知”。

说话也是如此，一贯说假话的人，多不做真事；一贯做真事的人，多不说假话。做真事的人说不出假话，因为有真事在证明；做假事的人说不出真话，因为他的话一出口，“假相”就露馅了。

胡氏父子俩的事，很有教育意义，胡威自认跟父亲相比“差远了”，这是明智的，说明他还在更严格地要求自己，通过比照，才能找到自己的差距，这样才能进步。

胡质的境界很高，近于苛严，做到这步很难，但并非可望而不可即！

强化练笔

《人，只不多善，不可多恶》

《说与做》

《一件小事争议的纪实》

§十　诫

美国第三任总统托马逊·杰弗逊是《独立宣言》的起草人，他受儿子的委托，给孙子写了一封信，信中提出了日常生活的十诫：

今日能做的事，决不要推至明日；

自己能做的事，决不要麻烦别人；

决不要花费还不曾到手的钱；

决不要因贪图便宜而买你不需要的东西，这对于你反而更昂贵；

不要贪食，吃得过少是不会使人懊悔的；

不要做勉强的事情，只有心甘情愿才能精益求精，不厌其烦；

不可能发生的事情，决不要庸人自扰；

凡事要讲究方法；

当你气恼时，先数到十，然后才说："假若怒火中烧，那就数到一百。"

阅读感悟

中国的名人家训很多，最有名的如《朱子家训》、《颜氏家训》、《曾国藩家书》、《傅雷家书》，我读过的就有数十本。同样，外国人也注重家训，但我看到国人写的家训更注意哲理，多从一件小事上来启示、感悟、熏陶，使人明理。

《十诫》是紧扣“生活”提出的规诫，十分契合青少年学生的生活实际，几乎每一条都可以联系自己、对照自己、反省自己、警示自己。请大家自己感悟！

强化练笔

1.《读〈十诫〉的反思》

2. 选一两件自己做得最不够的事，写一篇感想性文字。

想想这些人

达尔文：

发表《进化论》的达尔文，当年放弃行医时，父亲斥责他："你放着正经事不干，整天只管打猎、捉狗、捉耗子。"

达尔文在自传上说："小时候，几乎所有的老师、长辈都认为我资质平平，与聪明沾不上边。"

爱因斯坦：

4 岁才会说话，7 岁才会认字。老师给他的评语是："反应迟钝、不合群，满脑袋装着不切实际的幻想。"他遭到勒令退学的决定，在申请瑞士联邦技术学院时被拒绝。

巴斯德：

法国化学家巴斯德，在读大学时表现还不突出，他的化学成绩在 22 人中排名第 15 位。

牛顿：

小学时成绩一团糟。

罗丹：

罗丹父亲怨自己养了一个白痴儿子。在众人眼中，他曾是个前途无"亮"的学生，艺术学院考了三次都没考进去。

他的父亲曾绝望地说："孺子不可教也！"

托尔斯泰：

在大学时因成绩太差被劝退学。老师认为他既没有读书的头脑,又缺乏学习的意愿。

丘吉尔:

小学6年级曾因成绩太差而留级。前半生充满失败与挫折。62岁才当英国首相,以“老人姿态开始大有作为”。

理查·巴哈:

《天地一沙鸥》写成后,找过18家出版社,全被退稿。1970年被麦克米兰公司出版。1975年,仅在美国就销售超过700万册。

阅读感悟

我喜欢逛书店、书摊、书市,发现写伟人、名人故事的书太多,实在有点眼花缭乱。就这类书而言,我偏爱读他们的磨砺人生,苦学成才,追求德才兼备方面的。我读书有点“自私”,认为人的精力有限,总不能什么都学,学了要对自己有好处。

我小时候家里生活很困难,就想发奋苦读,改变命运,可是总觉得少了些“底气”,老是停在“想上”,甚至有时“想入非非”。一个偶然机会,我看到一本《居里夫人》,震惊了,清醒了,原来成就是从苦难中磨砺出来的!几十年过去了,我到今天仍记得书的内容,可这本书丢了,到处也没买到。

如果能读到这样的好书,对有“病”的人是良药,对健康的人是营养,对弱者是力量,对强者是鞭策。

《想想这些人》里的这8个人,都是伟人和名人,但不是写他们如何“伟”,如何“名”的,都不是讲他们的光彩,反而是说他们的童年天资差、成绩差,甚至近乎“白痴”、“没有头脑”,但这8个人都成了伟人、名人。他们是怎样“伟”起来,“名”起来的呢?这就是要你结合自己的知识谈谈读完这篇短文的感悟。

强化练笔

《假若我天资不好……》

《神童就能成才吗?》

《读〈想想这些人〉的反思》

§自　救

拿破仑一个人外出打猎,忽然听到有人在呼救,走近一看,原来有人落水了。

拿破仑举起猎枪对着水中的人大叫:"再不爬上来,我就开枪打死你!"

那人一听,完全忘了自己是在水里,用尽全身力气向岸边划去,经过几次艰苦的挣扎,终于上了岸,他气愤地问拿破仑:"你为什么要杀我?"

拿破仑大笑说:"浑蛋,我不会水!如果我不吓唬你,你会拼命往岸上游吗,那你就死定了!"

阅读感悟

读完《自救》我想起另一个故事:

一位父亲,把儿子放到窗台上,让他往下跳,儿子不敢跳,父亲站在下面笑着伸出双手,"别怕,我在下面接你。"儿子高兴地跳进了父亲怀里。

父亲让儿子再试一次,儿子又跳到了父亲怀里。

一天,父亲把儿子又放上了窗台,儿子纵身一跃,却结结实实地跌到地上,跌得鼻青脸肿。儿子一边哭,一边怨父亲:"你为什么不在下面接我?"父亲说:"我为什么要接你,你有什么理由断定我一定会接你。你要记住，什么时候都别指望别人，要生存，只有靠自己！”

人落水了怎么办？可能正巧遇到岸上有人，但这个人有三种可能，一是愿意救你，二是不愿意救你，三是无能力救你。拿破仑就属于第三种。

也有一种可能岸上无人。想活，只有靠自己，人生也是如此！

强化练笔

《没有上帝》

《别指望别人》

《残酷，有时并非恶意》

§给予的故事

这是一个使人回味的故事：

从前有个人，在沙漠中迷失了方向，饥渴难忍，濒临死亡。可是他仍然拖着沉重的脚步，一步一步地向前走。终于找到了一间废弃的小屋。这间屋已久无人住，风吹日晒，摇摇欲坠。在屋前，他发现了一个吸水器，于是便用力抽水，可是滴水全无，他气恼至极。忽然发现旁边有个水壶，壶口被木塞塞住，壶上有个小纸条，上面写着："你要先把这壶水灌到吸水器中，然后才能打水。但是，在你走之前，一定要把水壶装满。"他小心翼翼地打开水壶，里面果然有一壶水。

这个人面临艰难的选择，是不是该按纸条说的去做，把这壶水倒进吸水器中？如果倒进去吸水器不出水呢，岂不浪费了这救命之水？相反，要是把这壶水喝下去，就会救了自己的生命。一种奇妙的灵感给了他力量，他下决心按纸条写的去做。果然吸水器涌出了清水。他痛痛快快地喝了个够。休息一会，他把水壶装满，塞上木塞，在纸条上加上几句话："请相信我，纸条上说的是真话，你只有把生死置之度外，才能尝到甘美的泉水！"

（台湾）林云青

阅读感悟

这个故事的确值得让人回味再三。尤为值得称颂的是,那纸条上添加的几句话,是以生命代价换来的箴言。因为能留下几句话,是在艰难抉择之后才能得到的,与其说那是一种抉择,不如说是一种生死“实验”,如果那壶水倒下去,吸水器不出水,他就无法活下去。所以他告诫人们:“你只有把生命置之度外,才能尝到甘美的泉水!”

现在设想一下,如果不是“从前那个人”,而是我呢?我会用生命的代价来做这个“实验”吗?再设想一下,他后面来的人,会按纸条上写的做吗?会相信他的话吗?再设想一下,如果(我说如果)万一(我说万一)有个人不信,把那壶水喝下去了呢?

做到不易啊!

强化练笔

《如果是我——读〈给予的故事〉的设想》

《相信别人,首先相信自己》

《好吃的,让大家都尝一口》

§付 出

衣衫褴褛的小兄弟俩外出乞讨,可惜没有一个愿意施舍的,遭了无数次拒绝和斥责后,他们很伤心。终于有个好心的奶奶找出一小罐牛奶给了他们。

他们得到一罐牛奶格外高兴与珍惜。

他俩坐在马路旁边,像过节一样高兴。弟弟说:“你是哥哥,你先喝。”他半张着嘴望着哥哥,用舌头舔舔嘴唇。

哥哥睁大着眼看看弟弟,拿着罐子假装喝奶的样子,其实他紧闭着双唇,没让一滴奶流入口中。他把罐子交给了弟弟,“现在轮到你了。”弟弟拿起罐子,喝了一大口,说:“牛奶真好喝。”哥哥接过罐子,又假装喝了一口,说:“现在又轮到你了!”一会又说“现在轮到我了”……一罐牛奶都被弟弟喝光了,哥哥一口没有喝。

但哥哥很快乐,他把那个空罐子当足球踢。他照样兴高采烈,因为他的肚子里虽然空空的,心里却装满了快乐。

恩里克·加西亚

阅读感悟

读完恩里克·加西亚的《付出》,我的眼睛湿润了,同情小兄弟俩的乞讨艰难只是一方面,最主要的是我被哥哥的爱心感动,他自己也那么小，却懂得呵护关爱比他更小的弟弟，这里既不排除一种血统的亲情关系，但是最难得的还是这种以大爱小、以强扶弱的人类的秉性。

小兄弟俩都很小，弟弟才5岁，哥哥仅10岁。一个10岁的孩子懂得应该这样做人，以付出多作为快乐，不值得大人反思吗？

现实中与此相反的例子太多了，我无法一一列举，深信青少年朋友也或多或少地见过、听过。

让我们都在小哥哥面前反思吧！

强化练笔

《付出是心灵的美光》

《失去这里，收获那里》

§树上那只鸟

晚上,父亲和儿子在院子里散步。儿子已经大学毕业了,在外地工作,好不容易回来一趟家。

父子俩坐在一棵大树下,父亲指着树上的一只鸟,问:"儿子,那是什么?"

"一只乌鸦!"

"是什么?"父亲近来有点耳背。

"一只乌鸦!"儿子回答声音比第一次大,以为父亲听清楚了。

"你说什么?"父亲又问。

"是一只乌鸦!"

"儿子,那是什么?"

"爸爸,那是只乌鸦,听到没有,是一只乌——鸦!"儿子已经不耐烦了。

父亲听到儿子回答,没有说一句话。过了一会,他突然站起身来,慢吞吞地走到屋里。几分钟后,父亲又回到儿子身边,手里多了一本发黄的笔记本,那是父亲的日记。

儿子看着父亲翻到25年前的一页,开始读起来:

"今天,我带儿子到院子里走了走。我俩坐下后,儿子看见树枝上有一只鸟,问我:爸爸,那是什么?我告诉他,那是一只乌鸦，过一会，儿子又问我那是什么，我告诉他是一只乌鸦……

“儿子反反复复地问那只鸟的名字，一共问了25次，每次我都耐心地重复一遍。很高兴能有这样机会，我知道儿子好奇，希望他能记住那只鸟的名字。”

当父亲读完这篇日记，儿子已经泪流满面：“爸爸，你让我懂得了许多，原谅我吧！”

父亲伸手抱住儿子，布满皱纹的脸上有了灿烂的笑容。

胡艾耶玛《树上那只鸟》

阅读感悟

有句话叫做“可怜天下父母心”，无疑谁都知道。“可怜”是什么意思？就是值得怜悯。“怜悯”是什么意思？就是值得同情。父母的心怎么是“可怜”的呢？就是值得怜悯，值得同情。请大家讨论，也可以直接请教父母或老师。

青少年朋友们都爱读书，可有谁认真读过自己父母这本大书呢？父母每天从你早上起床之前，到你晚上睡觉之前，甚至之后，都在写一本给你看的书，每天都是一篇，这里有事有理，有情有爱，从不间断，你多大了，数数天数，就知道父母写了多少篇，写了多少日，多少月，多少年。这不必细说，都懂我的意思吧？

看看，这位父亲拿一篇日记出来给儿子看了——这是25年前的一个夏天的一篇。

你回去问问你的父母有没有写，他肯定摇摇头，你别相信那是真话，他们写了，他们从没有一天间断过，而且他们是用心里流出的血、身上流出的汗写的，写在时光的纸上、岁月的纸上，被时光、岁月收藏起来了，他怕你们看到了难过，更不期待你们去“怜悯”！

强化练笔

1. 如果你过去错过了读父母这本大书，请不要再错过机会。

2. 请留心关注父母的言行，尤其是关系你的事，如为筹集学费、择校而奔波；为你成绩好而高兴，为你成绩差而忧愁；为你获奖而喜笑颜开，为你挨了批评而愁眉不展；为你身体不适而焦虑，为省钱给你读书而自己不愿上医院……这些，就是父母在写自己的书。请你选几件，用自己的笔把它记下来。

§两股风

我 8 岁时写下我的第一首诗。

妈妈边读边嚷起来:“巴德,真是你写的?”我面红耳赤地说:“是的!”

妈妈赞不绝口,甚至说:“只有神童才能写出这样的好诗,儿子,你太棒了!”

我心里舒坦极了,迫切地等待爸爸回来,我想听到爸爸跟妈妈一样的夸奖。

爸爸回来了,妈妈迫不及待地把这喜讯告诉了爸爸:“我们的儿子写了一首诗,真美啊,美极啦!”

“你要是不介意的话,还是让我来再评判吧。”爸爸说。

爸爸在读诗,诗只有短短十行,但他似乎看了几个小时,我大气都不敢出。

爸爸终于看完了,直截了当地评判说:“依我看,诗写得很糟!”

我抬不起头来,眼里顿时涌出泪花。妈妈生气了,说:“巴德还小,这是他写的第一首诗,他需要鼓励!”

“世上的劣诗已经很多了,”爸爸很固执地说,“如果孩子写不出好诗,并没有哪条法律规定他非得去当诗人不可!”

过了几年,我回头再看看那首诗,的确写得很糟。后来,我壮着胆子写了一篇小说,爸爸认为写得还勉强可以,只是有些啰嗦。

岁月流逝,又过去很多年,我成了“著名作家”,书店里出售我的小说,舞台上演我的戏剧。今天,我被无数“歌颂”和“批评”包围着,我又想起我的第一首诗。

我很高兴,我从孩提时代就有说“真美”的母亲,又有说“真糟”的父亲。是他们教会了我如何对待形形色色的肯定和否定——首先,我得不惧怕批评,不管这些否定的意见来自何方,也不管这样的“宣判”多么令人心碎,我绝不能因为别人的否定而丧失勇往直前的勇气;而另一方面,我又得在一片赞扬声中克服内心深处的自我陶醉。

“真美”和“真糟”似乎完全对立,却又是相辅相成的话语,它像两股方向相反的风——我得竭尽全力在这两股强风中驾稳我的风帆。

(美)巴德·舒尔伯格《我的绝妙坏诗》

阅读感悟

有人对我说:“世上没人不喜欢听好话的。”我说:“怎么这样绝对呢?”他说:“绝对真理。连阎王都喜欢。”“何以为证?”他说:“阎王最恨拍马屁的家伙。一天,阎王下令把一个马屁精捉来,正要开仗得他皮开肉裂,再拉去下油锅。马屁精刚刚跪倒,不料阎王放了一个又臭又响的屁,小鬼们捂着口不敢笑,阎王也自觉有点不雅,正想下台。忽听马屁精开口了:‘吾王鸿气大宣,如春雷惊震人寰。飘浮者,八极盈香;冲天者,祥云似锦。多少鼻孔合不定,唯恐吸之不够;多少嘴巴张合不息,唯恐餐之不饱……’小鬼们听马屁精海吹,不禁笑出声来,阎王把惊堂木一拍,马屁精吓得周身颤抖。哪知阎王是骂小鬼们的,‘你们只知笑,听听人家多会说话，连我的“屁”字他都改成了“气”字了。’此时判官请示阎王，是否开仗了？阎王笑笑说：‘打就免了吧，油锅也暂不下了，留他说话开心取乐。谁不愿听好话呢？’”

我听了笑笑，想想世上也确实有不少人专门喜欢好听的话，所以有“甜言蜜语乐人心”一说。说好话不等于拍马，该说好的就得说好，不能说不好，该说坏的不能说好，这两种态度都是对的，这是对事来说的，不能根据需要。把好说成坏，除非是有意的，把坏说成好，更是有意的。

有说的就有听的，人家说你好话和坏话，你都要听着，最好是自己决定好坏，不能人家说什么就是什么。

强化练笔

《良药苦口利于行》

《好话未必有用》

三个故事

一

祖父说:“我年轻时,一次去请一位大师刻一枚章,大师名气很大,我的章料也好,是一块鸡血石的,自然天成,没有修坯,极似一片经霜残缺的枫叶。”

到了大师家,被引进一室坐下,大师看了章料,把玩很久,赞美不已。抽烟品茶以后,大师将我引进另一室,这里室内的设计我平生第一次见到,不足一丈宽,却有五六丈长,极似一条巷道,但两边窗连窗,光线极好。我正纳闷,大师和我在室的一头坐下,我们依旧品茶抽烟。

一会儿,大师的一个小徒弟在我们面前放了一张小凳子,将我的章料放在上面。我与大师闲谈中发现大师时而眼看看章料,每隔十来分钟,小徒弟就将凳子移远一点,渐移渐远,一直移到室的那头,我只能看到凳子。看章料只剩一点影子时,大师立即起身,拿起章坯,操刀走笔,不到几分钟,章刻好了,铁画银钩,如神龙飞舞,天马行空。我看得目瞪口呆!

二

父亲说:“我年轻时在南京,一天去拜见一位朋友,朋友不在家。我推门一看，室内空空，地上放了许多纸，还有一大盆糨糊，一位老人正在给墙糊纸。”

我无事，又想等朋友回来，便看老人糊墙，下面都糊好了，我见房里既无梯子，也无板凳，便问老人：“上边怎么糊呢？”老人笑笑说：“不要。”我心里犯疑了，糨糊用装有长杆的板刷，可以刷到，纸怎么上去呢？我等着看“神话”，哪知“神话”开始了，老人将顶棚上的糨糊刷好之后，用手轻轻捏着整张大纸的两角，侧着身子，抬手轻轻一用力，纸飞上了顶棚，稳当当贴到棚顶上，到边到拐，再用干刷一赶，平整了。再来第二张、第三张，一张接一张，严丝合缝，天衣无缝，我心不由口地大叫：“奇迹！奇迹！天下竟有这样的奇迹！”

朋友回来了，我问老人何许人也，有这等功夫？朋友笑说：“冰冻三尺，非一日之寒。他是裱画大师郑九鼎，10 岁学徒，今年 70 岁。”

三

我亲历的事：一年夏天，我到一个乡间小镇上去访友，在路边看见放着一个捏彩泥人的小挑子，旁边坐着一个不过十来岁的孩子。

我问孩子：“大人呢？”孩子说：“回家了，正农忙呢。”“挑子谁挑来的？”“爸爸送来的。”“挑子在，人走了，这叫什么捏泥人的？”孩子一听侧过头去，许久没有吭声，终于又开口了，“你要干什么？”“干什么，问你家大人，不就是想捏泥人吗。”“你看看这上面捏的，你要捏哪一个？这上面没有的也可以捏，你说吧。”我听了一惊，又问：“谁捏？你捏？”孩子说：“不相信吗？”说完又扭过头去，显然是生气了。

真是天下无奇不有，我一边看挑上摆的样品，一边心里还在怀疑，这么小小年纪，能捏出这样栩栩如生的关羽、李逵、花木兰、嫦娥、林黛玉、张飞、秦琼……

“我挑好了，你捏吧！”

孩子拉开抽屉，拿出彩泥，摆好工具，我说：“我要捏这个人，但要用这把刀，背这杆枪，骑这匹马……”哪知我的条件还没摆完，孩子咣当一声，收起彩泥，关上抽屉，又转过脸去，我问：“怎么了？”他不回答，我知道我又错了。

说了许多好话，他终于开口了，令我惊诧地说道：“你知道这叫什么马吗，谁骑的？你知道这叫什么刀吗，谁背的？这能乱吗，我捏出去人家是骂你还是骂我？我爸爸知道了还不揍扁我，你不懂，走吧！”

阅读感悟

这三个故事，我可以不写自己的阅读感悟了，也深信同学们一看就明白了：“功到自然成！”“冰冻三尺，非一日之寒。”

我曾经反复跟学生说，不要只在《寓言》中去找寓意；不要只从《箴言》中学诫训；不要只在书本中去求知识。社会是一本打开的大书，每个人都是一本打开的小书，要向生活学习，要向人学习。

大师刻章是一本书，老师傅裱画是一本书，小儿捏彩泥人，也是一本书，这是活生生的书，也是有用的书。

为什么说要想写好作文，必须在生活中去寻找素材呢，就是这个道理。我在乡下教书二十年，在城里教了十来年书，我发现乡下孩子会写乡土，城里孩子会写街市，掉换过来写，就像木匠不会铁匠活，铁匠不会木工活，道理也是一样的。

读完《三个故事》，如果你也很佩服刻章大师、裱画老人、捏彩泥人的小儿，请你思考一个问题：他们的这种“出神入化”的境界是怎么得来的？

尤其是那个捏彩泥人的小儿，诚然我没有看到他捏泥人，但那一系列行为的语言，足以说明他是个捏彩泥人的高手，乃至“大师”。他那么小，他的“功夫”是怎样得来的呢？

你该学他什么？

强化练笔

《敬佩之余……》

《功到自然成》

《千里之行，始于足下》

《珍宝藏在土里》

§勉 学

北齐颜之推的《颜氏家训》一书，是我国民间教育学的精华，几乎家喻户晓，文字都是苦口良言，不单是对孩子，对家长也很有益。

《勉学》中有下面一节文字：

梁朝全盛时期，贵族子弟，大多游手好闲。

秘书省设置了四个秘书郎的位置，还设有几个著作郎的位置，每年俸禄都在六百石左右。这些位子都是为贵族子弟准备的。当时有句谚语："上车不落则著作，体中何如则秘书。"无情地揭露嘲讽了那些贵族子弟，只要不从车上掉下来，就可当做郎，只要会写"体中何如"这样的问候话，就能当秘书郎。

社会有什么样的土壤，就生长什么样的东西。这些贵族子弟，一靠父母财力，二有社会土壤，所以根本无人潜心读书，一个个穿着熏香的华丽衣裳，头发梳得油光发亮，脸上搽得白白净净，甚至还把脸颊和唇涂得红红的，脚下穿着高齿木屐，出门坐着篷车，车上靠背扶手都是雕花的，左右摆着古玩玉器，雍容华贵，过的真是神仙一样的生活。

真正到了万不得已需要参加考试，怎么办呢？那就请人代笔。前去赴宴，参加所谓的赋诗唱和同样可以请"枪手"代劳。

这种快活的日子能过上一辈子吗？一旦政权更迭，父母亲朋倒了台，失去了依赖，失去了财产，他们还能干什么呢？其颠沛流离、塞沟填壑的命运可想而知！

阅读感悟

读完这篇短文，联想起一件事。小时候在家乡，一位亲戚给我三棵毛桃秧子，我栽了一棵在小院子里，院子很小，栽一棵在场边的一个沤肥的土坑旁边，还剩一棵实在找不到合适的地方，就栽在屋后护墙的檐坝上了。

春上栽的，没过夏天，后檐坝上的一棵就死了。转眼间到了该挂果的时候了，只有沤肥坑边上的那棵开花结果了，满树毛桃，我很高兴，院子里的那棵也开了几朵小花，但不久就凋谢了。"为什么三棵小树会是不同命运呢？"我问母亲。母亲说："后屋檐下是栽树的地方吗？干培土，你又不浇水施肥，它能活？小院里你关心太过分了，鸡粪鸭粪都往树根下倒，天天什么水都往上浇，水肥过分了，也易烧根烂根；只有场边那棵，靠肥坑不远，有肥、有水，又得阳光、空气，它自然长得旺。"

人的生存之道跟桃树的生存是一个道理，必须的条件缺少了不行，过分了也不行。俗话说："惯儿不孝，肥田长瘪稻。"

强化练笔

《从营养过盛谈起》

《想想明天》

§厌　学

子贡深感学习太累，于是对孔子说：“我很想找个地方休息一下。”

孔子说：“那只有坟墓了。”子贡听了似乎很有感悟，于是说：“那是一个休息的好地方！君子在那里休息，小人在那儿趴着。”

晏婴曾经说过：“自古以来便有死亡，真好呀！仁者休息，不仁者趴下。”

死是人生一切行为的终结，古人叫死人是“回家的人”，活人便是在路上行走的人。只有路上行走的人不想回家，那是抛弃家的人！天下人都抛弃家，不要父母、兄弟、妻子，抛掉家产和工作，这是什么人呢？又有人认为所到的社会都值得尽力，又自以为自己能干而又有技巧，于是努力博取好名声，到处夸张而不停息，那又是怎样的人呢？当然也有人认为这是一种有才智的人。

一种认为对，一种认为不对，到底应该反对哪种，赞美哪种？

阅读感悟

这是《列子》一书中的一段原文的意译。列子是就子贡厌学，想休息一下，请教孔子哪里休息好，孔子说“只有坟墓”，他借这件事来发表自己看法的。

列子这段话，我见过许多不同的“译文”，其实都不是原文

"直译"，甚至有许多是"改写"，为什么大家都对这段文字很感兴趣呢？因为它含义很深，值得人们思考。

列子借用晏婴的话说，人活着就要学习，就要做事，就要为别人为社会作贡献，怎么能不累呢？念书时要发愤读书；跟父母在一起时要孝敬父母、服侍父母；结婚后要为妻子儿女生活操劳；参加工作了，要尽职尽责。由此可见，人活着，什么时候都不能休息。

如果按今天的"劳逸结合"来说，这段话就说不通了，只干活不休息，不累死了吗，死了还有什么人生呢？休息就等于死，睡进坟墓，这就更不成理了。读古文，要准确理解原义，它是用比喻来说明问题的，告诉我们：人活着，就不能怕累，要创造，要劳动，但创造劳动，又必须劳逸结合，会休息，才会劳动，休息是为了更好地劳动。

强化练笔

1. 文后留有两个疑问，一种认为人应该在路上走，喻比劳动创造；一种认为应该"回家"喻比休息，甚至是"永不休息"。你认为哪种对，写篇短文，谈谈自己的感悟。

2.《不会休息的人不会劳动》

3.《生与息不是矛盾的》

§守　护

早期北部印第安人用一种独特的方法,来培养男人的勇敢品性。印第安男孩13岁之前,要学会狩猎、捕鱼等生存本领,到13岁时还要接受最后一项考试。

这之前,男孩从来没有独自离开过父母和部落,13岁生日那天晚上,父母会把儿子的眼睛蒙上,然后将他带到离家几里远的密林中。当孩子摘下障眼物后,会发现自己只身一人,周围都是黑漆漆的一片,不时有古怪的声音发出,他找不到回家的路,只能待在原地,感到孤独无助,万分恐惧。

在经历了漫长的一夜熬煎之后,终于等到破晓的第一缕阳光照进密林。

他环顾四周,先前的恐惧一扫而光,小男孩看见调皮的小动物在树枝上跳跃,听见附近清脆的鸟鸣不断,茂密的林子里分明还有一条小路通往外面的世界。

他惊喜的是,离他几步远的树下站着一个人,身上背着弓箭。那是男孩的父亲——他整个晚上都守护在儿子的身边。

阅读感悟

《守护》作者的主旨自然是歌颂守护者,文尾已点题了,那是孩子的父亲,整个晚上守护在儿子的身边。

可是文章内容的绝大多部分笔墨，是在写一个奇特的考试，似乎有点不太合乎写作手法。

其实，写作手法是统一的，这是在写一个民族的“特殊考试法”，也是在写一个父亲对儿子的考试法。这种考试法，开篇两个字便说明，是“早期”的，现在也许不是这样，一个民族传统的东西，别人不好妄加评论，更不必盲目效仿。但它无疑说明了一个非常深刻的道理：考试的目的是培养孩子勇敢的品性。

有一次，我去请教一位研究外国文学的老先生，我说：“我看过一篇文字，说一个生活在极寒地带的民族，孩子生下来得先丢到雪地里去冻，冻不死的就抱回来，真有这种事吗？”老先生说：“确有其事，这是民族传统。”“有冻不死的吗？”“大多冻不死。”“为什么？”“因为他们的祖祖辈辈也是这样考试的合格者，他们的血脉中抗寒能力近乎及格了，孩子过不了这关，也适应不了那种生活。”

我对老先生的话，至今将信将疑，但有一条我深信不移，能在那种高寒地带中生存下来的人，一定有一种抵御高寒的特殊身体素质，这也是一项“基因工程”，绝非一代人可以完成。

人生中的许多磨难，有的比极地高寒更可怕，人类何以能生存繁衍下来，也是依赖其经历了类似印第安人的那种“考试”，慢慢增强自身素质，增强适应生存能力，只是考试方法不同罢了！

强化练笔

《别怕考试》

《一生，就是一个过程》

阅读附文

怀　念

生活的背景是一堵墙,我们习惯靠在墙上。

墙上有吸盘,我们被吸住了,贴在上面,慢慢地延伸自己。

渐渐,我们长得越来越像墙了,没有个性,没有激情,没有磕碰,没有意外,我们一览无余地看到了我们的将来。

生命还有别的形式吗?

有。

有人选择了勇敢,逃离了这堵墙。背叛虽很艰难,但成功了。

成功的意义不是没有了墙,只是被抛在墙的外面,这是人不曾料到的。

人本能地表现出屈从(再一次)并谨慎地去开始交另一方人士——陌生。“陌生”有时把自己叫做“未来”,让人们好心情的处于夏季庞大的躁动中。当穿鞋的和不穿鞋的都随它而去的时候,陌生变成了一口陷阱。

人和熟悉分离了(也许还包括街头一碗馄饨),人们像丢失了贵重的物品,失魂着。

人依旧住在自己的家乡,却成了自己故园的异乡人。人伸手,想抓住一根拐杖。后来发现,这拐杖的代用品是回忆。

囡囡《走在怀念的小径上》

§把“静”写“动”

嵯峨怪石倚云间，抛掷至今不知年?

苔藓作毛因雨长，藤萝穿鼻任风牵。

从来不食溪边草，自古难耕垄上田。

恨杀牧童鞭不起，笛声斜挂夕阳烟。

阅读感悟

据说这是唐伯虎和祝枝山两人的“联句诗”。两人联句、多人联句而为一首诗，古今皆有。这种写作大多是因事、因情、因景、因境而起，所谓即兴创作。记得有学生问我，这种写作是不是很像大家同唱一首歌，同奏一支曲，同演一幕戏？我说只能说像，不能说是。同唱、同奏、同演，大家都是依“本”的，唱有歌词，奏有曲谱，演有剧本。而同创则是下文需要你现出，从写作角度看则更像，大家同写一篇八股文，你启我必承，你转我必合，心往一处用，力往一处使，布局谋篇，遣词达意，立意抒情，叙事言理都要紧扣同根同源。

开篇首句见“石牛”，“嵯峨”言其高，句尾“云间”二字又将高处具体定位了。一个“怪”字把石形画出来了，这块怪石谁抛来的，抛在这里已经多少年了？大有云间何年见此牛，此牛何年到云间之意。看似可有可无的句子，实则有了它文味就浓了，文义就深了，紧承首句，开启下联。苔藓、藤萝喻比牛毛、牛绳，贴切准确，“因雨长”，“任风牵”六字化静为动，惟妙惟肖。石牛活了，牛毛在往上长，牛绳被风牵着在云中走。石牛怎么走动啊，是云在飘，是风牵牛绳在动，把“静”物写成了“动”物。五六两句回到“石”上，石牛怎么吃草，石牛怎么耕田？七八句收得太巧太妙，余味无穷，难怪牧牛的孩子连牛鞭也懒得举呢？它是石牛啊，还是短笛无腔信口吹吧，何况在夕阳满天的时候呢。

这首诗八句话，把石牛写活了。怎样才能把“静”物写成“动”物呢？首先是“静的”要先从你的心里、眼中“活”出来，石牛无毛，视苔藓为毛，苔藓因雨而长，这就活了；石牛哪来穿鼻的牛绳呢，藤萝为绳，风吹藤萝为动，多像牛绳被牵着，也活了。石牛活了，是活牛就要吃草，就要犁田，但它不能吃、不能耕，这又还原了“石牛”，状物不能失真丢本。

这种写法要学，特别是描状静物很适用。以黄山为例，山上有“孔雀莲花”、“五老朝天都”、“金鸡叫天门”、“猴子拜观音”，都是“死的”，都是“静的”，如果青少年朋友们去玩，看看你的笔，能不能把它们都写“活”，都赋予它们动感。

§改　名

叶天士是苏州一位名医，他的《温热论》是一部医学经典。

有一年，有位举子去请他看病，他把脉以后对病人说："你最好不要去参加今年的科举考试了，你的病很重，如果经过旅途劳顿，病情加重，就不可救了。"

这位举子将信将疑，加上应试心切，又去找了一位医道很高的老僧察看。老僧看后对病人说："你要多吃些梨，渴则生食，饥则热食，或者有救。"举子照做了，果然病除免死。

叶天士听了以后十分惊讶，当即改名换姓，拜老僧为师。在老僧面前，叶天士勤奋求教、谦虚谨慎，老僧对他十分关爱，每次出诊，总是带着他，而且每次都让叶天士先看，而后再自己把脉，师生俩对病的分析和治疗意见大多相同。经老僧精心教导，三年以后，老僧对叶天士说："张小三，你可以回去了，凭你现在的医术，已经赛过江南的叶天士了。"

原来这个张小三，就是叶天士的化名。叶天士是一代名医，如此不耻下问、虚心好学，老僧了解真相以后，极为感动，便把自己的全部医术毫不保留地教给了叶天士。

阅读感悟

民间有句俗话："越有越挣，越无越困。"按理说，富有的人可以多休息一会了,贫困的人应该努力去干活,而事实往往相反,越是成绩好的同学越是发愤苦学,越是成绩差的越喜欢“困大觉休息”。

一代名医叶天士,改名求教,这种虚心学医的精神,确实令人感动。“感”贵在“动”,感而不动,有感何用!动,就是“挣”,不动,就是“困”。

为什么“越有越挣,越无越困”呢?很有必要弄明白。

凡是“越有越挣”的人,都是有人生目标的,叶天士就是,他的目标是医好最难医的病,医不好,他就必须再“挣”,这是其一;其二是人必须走进一种境界,才知道那个境界的美,而且越走越美,越美越想往前走。

为什么有的同学不愿刻苦学习,一是没有远大的目标,二是没有进入“境界”,他还没有走进“知识王国”,怎么知道那里有瑰丽珍宝呢?所以他就“困”,这个道理不难懂吧?!

话又说回来,不是进了某种“境界”,那里面的珍宝就是你的了。任何一个境界都会是荆棘丛生、虎豹挡路,但那种虎豹只是吓人,不吃人,珍宝就藏在里面,勇敢的人必能得到,而且越积越多。

强化练笔

《崖顶有棵大灵芝》

《苦尽甘来》

《读〈改名〉》

§创　新

刘石庵是清朝的一位著名书法家，他的字既集多家之长，又能自成一体，形成了丰腴厚重的独特风格。

他的一个学生，是清朝另一名书法家翁方纲的女婿。

翁方纲的书法很讲传统，主张“笔笔有来历”，就是十分强调学习古人典范，以古人为楷模，哪笔写法不合乎古人规范，就被视为败笔。

翁的女婿因为跟刘石庵学书法，自然就要研究刘石庵的书法技巧，见到老丈人时，他总要谈对刘的书法见解，翁听了很不以为然，因为他是崇古的，所以对女婿说：“你去问问你的老师，他有哪一笔是古人的？”

翁的女婿是个憨厚单纯的人，没有细想老丈人的话是挖苦老师的，就把原话告诉刘石庵了。

刘石庵听了后说：“你回去问问你岳父，他有哪一笔是他自己的？”

阅读感悟

这篇短文如果一读而过，很难有收获，甚至会产生一些错觉。

从表面看，这是两个“文人相轻”，翁方纲瞧不起刘石庵：没有一笔是古人的；刘石庵瞧不起翁方纲：没有一笔是自己的。

如果这是试卷的一道问答题，不要阐述理由，你只要回答谁对谁错，或两个都对，两个都错就算完整了。

如果作为阅读思考，你则必须弄懂到底谁对谁错，两个都对或两个都错的理由。

大家都听说过“文人相轻”这个词，文人多有互相轻视的毛病，这里刘石庵与翁方纲是不是相轻呢？显然是。但我以为他们本不一定相轻，只是“气话”，是“唇枪舌剑”。因为他们都是名书法家，都懂得学习书法，必须先临帖，学习古代著名书法家的字，练基本功，这是十分重要的，翁方纲知道，刘石庵也知道，而且他们也必定是从这一步走过来的。问题是翁方纲抱着帖不放，也就是为传统所囿，讲究笔笔有来历，而刘石庵则是注重集多家之长，形成自己的风格。他们两个本来井水不犯河水，都无可指责，也无须分个对错。

到底要我们感悟什么呢？我以为要借他们的事思考作文。

什么叫“创新作文”？就像是刘石庵的书法，集多家之长，又有自己的风格，要学习刘石庵。

“创新作文”不是“异想天开”，更不是胡编乱造，它的前提是扎实的基本功，这点就要学习翁方纲。

刘石庵是在学习多家，集多家之长后才创新的；翁方纲还在学习多家，现在还没有创新，但绝不能说他以后就不创新。

这就告诉我们：创新，必须打好扎实的基础。

强化练笔

《说说基础》

《没有空中楼阁》

§坚持不懈

齐白石是中国乃至世界著名的大画家。他一生勤奋作画七十多年，坚持不懈，堪称“不叫一日闲过”。

据他自己说，自27岁以后，他只间断过十余天没有作画。一次是63岁那年，他生了一场大病，七天七夜不省人事，无法作画；一次是64岁那年，他母亲病逝，因处理丧事，加上心情忧伤，停笔几天；一次是“昨天大风雨，心绪不宁，不曾作画”，故而“今朝则此补之，不叫一日闲过也”。

阅读感悟

如果说这是一则记事，七十多年勤奋作画，却没有记一次作画，而记了三次没有作画；

如果说这是一份账单，七十多年的账单，却没有记一笔“收入”，只记了三笔“支出”；

如果说它是“文章”，谈不上“锦绣”，两百来个字，其中“一次”重复三次，“不叫一日闲过”重复两次，这就占去二十一个字了。

它究竟写了什么呢？确实什么都没有写，但却让我们懂得怎样才算勤奋，告诉我们：成就是怎样取得的！

“不让今天闲过”，很多人能做到；“不让一月闲过”，有不少人能做到;“不让一年闲过”,做到就难了。

一生,几十年,“不让一日闲过,世间不多”!所以,有大成就者也就太少,这就是这篇两百来个字的内容告诫我们的道理。

强化练笔

这两百来个字,确实“读”不到什么,但却能“嚼”出许多滋味。无论从哪个角度联系你自己,只要认真反思,都能写出对自己有益的文字来,请自己命题,写篇感悟性短文。

§抗　争

很多同学都读过《堂·吉诃德》这本名著，可是知道这本享誉世界的名著的作者塞万提斯与命运抗争故事的却不多。

塞万提斯是西班牙人。1571年，他在抗击土耳其的一次海战中失去了左臂；1575年，在回国的途中，他又被海盗掳至阿尔及利亚服了5年苦役。

5年后，塞万提斯历尽千辛万苦回到祖国，好不容易熬到一个小小军需官，不久又因征税一事触怒大主教，被驱逐出教；1592年后，他几次入狱，前后13年，在狱中他开始酝酿构思《堂·吉诃德》的创作；1603年，他迁到利阿多里德的一个下等公寓往下，但写作环境十分不利，楼下是酒馆，楼上是妓院，就在这里，他完成了《堂·吉诃德》的第一卷。出版后立即产生轰动。

这之后，塞万提斯厄运又来了：1605年，因门前有人被刺，塞万提斯涉嫌被捕入狱；1611年，他因女儿陪嫁之事，被控告而出庭受审，法院勒令他赔偿当税吏时所欠的公款；不久，他妻子病逝；1614年，市场出现了《堂·吉诃德》续篇的盗版书，书中对他进行恶意人身攻击。

为了消除恶劣影响，还自己一个清白，塞万提斯带病坚持赶写续集。

他辛劳一生，也与残酷的人生现实斗争了一生。

阅读感悟

《堂·吉诃德》我读得很早，塞万提斯的厄运遭遇，我却知道得很迟。了解他的坎坷一生之后，我又读了一遍《堂·吉诃德》，我感悟出"含泪的笑"，才是真正发人深省的笑！也真正感悟出塞万提斯是怎样含泪"笑"着写作的。

"命运"一词，其实具有多种释义，可惜一提到命运，人们自然把它与迷信联系到一起。其实它是泛指人或者是事物的发展变化趋向。所以有"自己掌握自己的命运"一说。

比塞万提斯命运更坏的还有，比他好的更多，但为什么他写出了《堂·吉诃德》？他与命运抗争过来了！他掌握了自己的命运！

为什么我们这些"幸运"者，无忧无虑，却很难主宰自己的命运，乃至糟蹋了自己的命运呢？这里我们就该深刻的反思，多问自己几个"为什么"，为什么"穷则思变"，富就可以不思变？为什么"逆境可以成才"，顺境往往就不成才？为什么十场暴风雨打不倒一个人，一阵"小风"就摧倒了一个人？为什么有人百折不挠，有人一折就趴下了？……

人类社会发展的目标会让所有人越来越自由、幸福，反过来，社会怎样才能进步发展呢？靠人，所以每个人都有权利享受自由、幸福，更有义务成为社会发展的动力，不讲奉献，只求所取的人是索取不到的！

强化练笔

《真正的幸福是自己创造的》

《冬天的身后就是春天》

《怎样看待磨难》

晚点别怕

大家都知道“三苏”是指苏洵、苏轼、苏辙父子三人，他们都是北宋时期的大学问家。

民间有句劝人别怕读书迟了，只要发奋努力，照样有成绩的话叫做“苏老泉，二十七，始发奋，读书籍”，苏老泉就是苏洵，说他27岁才知道发奋读书，是有原因的。

苏洵小时候读书少，长大了也不怎么爱读书，因为他对时下流行的“太学体”看不惯，装腔作势，空洞无物，一读就头痛。

27岁那年，苏洵受了别人的嘲讽，心里很难过，决心发奋读书。于是，他谢绝了平素往来的朋友，闭门苦读了8年，参加了两次科考，都没有考中。他一度很气馁，感慨地说：“看来，这不是我应努力钻研的方向。”就把平时所写的几百篇文章，全部用火烧掉。

从此，他一边在家刻苦攻读，涉猎经史、诸子百家各种典籍，并加以融会贯通；另一方面经常外出，四处游历，寻师访友，积累广博知识。又经历了几年艰苦努力，他文思更加敏捷，几千字的文章能在顷刻之间一挥而就。

嘉祐初年他已经47岁了，他带着19岁的苏轼、17岁的苏辙，一起到了京师。

当时主持礼部科考的是翰林大学士欧阳修，他当时正在革除

“西昆体”和“太学体”,看到“三苏”的文字清新,大加赞赏。尤其是苏洵的22篇雄辩豪健的文章,一经欧阳修荐呈皇上,立即在士大夫中传诵、仿效,轰动了整个文坛。

阅读感悟

小时候,祖父常跟我讲苏洵的故事,听多了,我说:“爹爹,又是‘苏老泉,二十七,始发奋,读书籍’,都讲了多少遍了,我离二十七还太远哩。”祖父听了笑笑说:“看看,你还是没有明白吧?故事并不是讲到27岁才知道发奋读书。晚,不是单指时间,天晚了是晚了,指天黑了;错过了时间也是‘晚了’,该做的都没有做,再想做已经没有机会了,‘晚了’是后悔的意思。要记住,今天该学的东西今天就要学,今天该做的事今天就要做,没有学,没有做,明天就后悔了,就晚了!”

没有同学不知道“一寸光阴一寸金,寸金难买寸光阴”;没有同学不懂得“光阴如流水,日月去不回”。可是为什么很多人不抓住时间呢?因为时间是无形的,流失了看不到“失”。其实你错了,时间也是有“形”的,大家同在教室里上晚自习,别人都在低头潜心读书、思考、做习题,你却心猿意马,东看看、西望望,一会翻翻这,一会弄弄那,一个晚自习就完了。就差一段时间,这段时间别人抓住了,你丢失了,时间是无形的吗?风看不见吧,树动不动也看不见吗?

苏洵读书,从“发奋”二字看,是晚了,但他的可贵在于知道“晚了”,就千方百计地补上,他是怎么补的,文章中也“写”了,请大家再细看一遍。

最可怕是明明知道“晚了”,但不后悔、不急,也不知想办法把它补上去,这是非常不应该的!

强化练笔

《知错，是进步的开始》

《后悔，既是负担又是动力》

《我知道该怎样做》

§孙 悟 空

孙悟空这个形象是中国乃至世界老少皆爱的形象。这个形象是怎么塑造出来的呢？是吴承恩异想天开造出来的？不是的。

吴承恩能写出《西游记》这样的世界名著，尤其是塑造孙悟空这样光辉夺目的形象，得益于他的父亲。

吴承恩的父亲是一个奔走四海的商人。吴承恩从小就从父亲那里结识了父亲的许多朋友，他们大多也是奔走四海的商人，见多识广，吴承恩听他们讲了无数的故事，仅自己记下来的就有上千个，但没有办法把它们串到一起。

不久，他听到了一个玄奘到印度取经的故事，又传闻楚州城里有两个妇女生下了怪胎，一个生下了猴子，一个生下了个猪儿。

吴承恩很高兴，决定以猴子为线索，将他听的故事串起来，于是他开始到处出游，寻找相关素材。

一天夜里，吴承恩做了一个梦，梦见一座深山——花果山，一群猴子，乱蹦乱跳，又来到像水晶宫似的地方，桌上摆满了仙桃，无数猴子跳跃欢叫，吴承恩醒来慌忙把这些记了下来，为猴子们找到了快乐的生活家园。

除夕晚上，邻居老人又给吴承恩讲了淮河、渭河水神兴风作浪，被大禹擒获，镇于淮阴龟山脚下的故事。吴承恩联想起神话中水神火眼金睛，口吐水涨，善于变化，为什么孙猴子不能呼风唤雨、七十二变呢？这样，孙悟空的形象就在吴承恩的脑海里慢慢形成了。

吴承恩花了整整三年时间，写出旷世名著《西游记》。

阅读感悟

没有素材写不出文章，有素材也不等于就有了文章，起码不等于能写出好文章。

许多同学告诉我，看到作文题后，往往有两种情况：一种是无话可写，一种是要说的太多，不知从哪里下笔。

从写作角度看，写文章很像泥瓦匠盖房子，没有材料无法盖房子与有材料怎样盖是两回事，一个是内容问题，一个是技术问题。

拿吴承恩写的《西游记》来说，他不愁没有素材，因为他从他父亲、父亲的朋友那里听了太多的故事，他自己又是有心的人，仅记下来的就有上千个故事，还有他装在脑子里的呢。

为什么他有这么丰富的素材，有这么多的故事，还不能下笔写作呢？这就是应该怎样运用材料写作的问题了。

他听了玄奘的故事后，又听了相关的传闻，他找到了"突破口"，抓住了"孙猴子"这条线索，思路打开了。

日有所思，夜有所梦，"梦"把他的思维空间拓展延伸了。

设想一下，如果吴承恩仅满足于占有大量素材，把那一千多个故事都写进去，那恐怕就不会是《西游记》，可能就是一本《梦游记》！

强化练笔

请大家自己命题，写三篇作文。这三篇最好都要写：

1. 你认为在自己作文中，哪一篇是自己最满意的、最感动的，谈谈是怎样写的。

2. 你认为在自己作文中，哪一篇是最糟糕的，谈谈没有写好的原因。

3. 如果你的作文中有一篇自己认为好，老师评说不好；自己认为不好，老师评说好，从“现在”看过去的角度，说说到底是自己对，还是老师对。

§真情动人

《茶花女》是世界文学名著，动人心魄的名著。可是作者小仲马在小说结尾时说："这故事唯一可取之处就是它的真实性。"

书中的女主人公玛格丽特，原型是当年巴黎名妓玛丽·杜普莱西。

男主人公阿芒杜尔瓦就是作者小仲马自己。

1844年，小仲马在剧院见到玛丽，一见钟情，是出自对被社会遗弃者固有的一种同病相怜的感情。

玛丽的母亲忍受不了父亲（农村巫师）的虐待，长期外出做用人，玛丽15岁就被父亲辗转卖给巴黎一家衣帽店做童工。因她生得美丽聪明而进入上流社会，沦落为上层交际花。

小仲马是个私生子，从小就饱尝了人间艰辛和屈辱。他母亲是个裁缝女工，身份卑微，被沉迷于追逐名伶贵妇的父亲所遗弃。

这种相似的境遇和心绪，使他们彼此爱得深切。可是好景不长，小仲马的父亲以与娼妓结缘，影响名誉，毁坏前程为由，横加干涉，迫使小仲马在1845年秋离开玛丽去国外旅行。这使玛丽失去了生活的希望，变得自暴自弃、放浪不羁，终于一病不起。

1847年，小仲马得悉玛丽病逝，看到王公贵族在拍卖场上，争观玛丽遗物的场面，悲痛不已。他深深追悔自己的过失，不断追思自己的母亲和爱人玛丽的悲剧产生的社会根源，满怀激情地开始创作《茶花女》，作品出版后反响强烈，畅销一时。1849年，他又把小说改成五幕话剧，演出取得巨大的成功。

阅读感悟

我相信肯定有不少同学读过名著《茶花女》，如果你是认真读的，一定会被那种真情所感动。

如果你确实被这种真情感动过，现在请你思考一个问题，作者是怎样才能写出这样动人的真情的？这篇短文告诉我们，能写出真情的人，必先体悟过真情。一个讲故事的人，自己不笑，怨别人不笑，自己不流泪，怎么问别人不哭呢，这合理吗？

为什么老师一再强调同学们学作文要写真人真事，道理就在这里。

小仲马是世界著名的大作家，他的写作跟同学们的写作不一样，他是创作，我们是习作，这确实不一样。但我认为，有相似的地方，那就是作家如果没有真实的素材，再"妙笔生花"，生出来的花也是假花，没有香味。我们既没有"妙笔"，更不能"生花"，怎么办？去练习写生，练习素描，美术老师教学生重视写生、素描，跟语文老师教学生写真人真事道理是一样的。

强化练笔

《一个真实的故事》

《我最了解他》

《真花与假花的对话》

《写日记的感悟》

§写时迁

明代小说家施耐庵平时最恨偷鸡摸狗的人，在写《水浒》初稿时，他把时迁写成一个无能、可恶的小人。

有一天，他正坐在书桌旁，忽然看见窗外一个衣衫褴褛的人在捕捉一只芦花老母鸡，连忙出门叫住那人。一看原来是东庄的李大。

李大做贼心虚，连声求饶。

施耐庵知道李大曾参加过张士诚起义，因张士诚兵败才逃回家。李大说："家中已三天没粮下肚了，不得不出来干这见不得人的勾当，真对不起先生！"施耐庵一听，忙叫家人送他一袋米，并对他说："我把五两银子用红布包了放在房里的大梁上，你今晚显显本领给我看看，如能偷去，那五两银子我送你。不过，今后，别干这营生了！"

到了晚上，只听得几声老鼠吱吱叫，果然，李大像只跳蚤蹿到梁上，偷走了那五两银，只把红布留在梁上。施耐庵妻子说："官人，你平时总是严惩偷窃案，怎么现在赏银子给小偷呢？"施耐庵说："这李大本不是贼，他是被逼上梁山的啊！"后来，施耐庵把《水浒》中写时迁的章节全部撕掉，重新改写了一遍，给时迁起了个"鼓上蚤"的绰号，把他写成一个武艺十分高强且善良可爱的人。

曹晋杰《写时迁》

阅读感悟

如果施耐庵写的《水浒》中没有时迁这个角色，或者也不打算写小偷，他偶尔发现李大偷鸡，只有两种可能，一是将他捉住，二是把他赶跑。

为什么后面诠释出那样一段故事呢？因为他要写小偷，就得了解小偷，观察小偷，才能写好小偷，这是很简单的道理。

《水浒》的初稿里，为什么时迁被写成一个“无能可恶的小人”？很明显，这是由作者“最恨偷鸡摸狗”的看法所决定的，是他凭自己的爱憎去写作的。

读过《水浒》这本书或者在电影里、戏台上，看到时迁这角色，是善良可爱的、武艺高强的，甚至可以说，是个值得赞美的形象，起码有两点给我们启示：

一、不能凭个人的爱憎和习惯看法去评价人和事。

吃斋念佛的不一定都是善人，杀人放火的不一定都是恶人，家财万贯的有的更加无情的索取，一贫如洗的有的更加无私的奉献。绝不能我看他好，他就是好人，我看他坏，他就是坏人。

二、一切偶然机遇，都是对素有准备的人才有用。

路上有一根小铁钉，谁也不把它放在眼里，很多人走过去了，它还在地上。突然有人弯腰拾起来而且还自言自语地说：“巧了，我正好需要一根钉！”这个“巧”是对需要的、有准备的人而言的，对别人无用。

所谓积累材料，大致有两种：一种是见什么积什么，这样虽然“累”的越来越多，但也就越容易乱，到用时难找；一种是心中有数的，即有目的的、分门别类的积，这样积累起来的东西，到用时伸手就能拿到。

强化练笔

《别用一只眼看人》

《聚沙成塔》

《我的心理解剖》

§环滁皆山也

宋代大文学家欧阳修在滁州当太守时，与琅琊山寺的和尚智仙往来密切。

智仙特地在琅琊山路旁为欧阳修造了一个亭子，欧阳修给它取名为“醉翁亭”，并写下了千古美文《醉翁亭记》。

初稿开头是这样写的：“滁州四周有山，东有乌龙山，西有大丰山，南有花山，北有白米山……”

文章写好了，许多人都来看，有个老者看了说：“文章写得好，可惜关在琅琊山南天门上，什么乌龙山、大丰山、花山、白米山等，一转身全部看不见了，四周都是山。”

欧阳修大喊：“妙绝！”随后提笔将开头改成“环滁皆山也”，五个字是点睛之笔，极其明快爽口！

阅读感悟

这篇短文读不出太多太深的感悟，道理很明，欧阳修这样的大家文章也要“改”，我们就该更加重视“改”。

想起一件事。

有一年，离高考只有两个多月了，一个中学的高三班语文老师病了，我被找出临时代课，算是打“零工”。一天，学生做作文，我在教室里转，发现大多数同学都在低头思考，部分同学开始写了，有的已经写了好几行，都是在作文本上写，我惊诧地问："你们草稿纸呢？"一个学生疑惑地反问："要草稿纸干什么？"我说："你们作文不打草稿？"另一个学生理直气壮地说："我们写作文从来不打草稿！"他的话引起哄堂大笑。我再问："写作提纲呢？"又一个学生响亮地说："我们更不要写作提纲！"又是哄堂大笑。

我说什么呢？只好也摇摇头，苦笑笑。

同学们为什么两次哄堂大笑，这说明他们懂得列提纲，打草稿是写作必不可少的前提，他们根本没有这样做，只是心照不宣，不料被我挑破，他们不笑怎么办？

不列提纲，不打草稿，就更谈不上"修改"了，我不知道世上到底有没有下笔千言，一字不改的人，即使有，是不是每篇都是这样写的？

我几十年教书之余，可谓笔没放下，总写了几百万字了吧，有一本20万字的书我写了10年，五易其稿。无论长文短文，我大多修改的时间比写作的时间花得多。也许有同学笑"你这人太笨"！可能是笨。欧阳修应是很聪明的人吧，他不也在"改"吗？

修改，似乎并非全是笨人的事！

强化练笔

1. 把你过去的作文找出来，认真看看，再修改两三遍，写一篇谈修改感受的短文。

2. 写一篇《谈作文》，要求：

(1) 列提纲；

(2) 打草稿；

(3) 修改草稿。

阅读附文

修改20次

托尔斯泰为了塑造《复活》中女主人公玛丝洛娃这个人物形象,她出场时肖像描写先后改了20次。

第一次写道:“这是一个瘦削而丑陋的黑发女人。她之所以丑陋,是因为她那个扁塌的鼻子。”

随后改为:“她一头黑发梳成一条光滑的大辫子。有一对不大的,但黑得异乎寻常的发亮的眼睛,颊上一片红晕,主要的是,她浑身烙上了一个纯洁无辜的印记。”并补上一句:“高高的个子,带着凝神和病态的样子。”这句又改为:“矮矮的个子,与其说胖,不如说是瘦的。”又改为:“她的脸可以说是美的,如果脸上……”又改为:“她的脸本来并不漂亮,而且脸上有堕落的痕迹!”又改成:“一个矮矮的黑发女人……”

他比较满意了,把草稿交人去抄,但他看了抄本又把原文抹掉,重写道:“美丽的前额,卷曲的黑发,匀正的鼻子,在两条平直的眉毛下面,有一双秀丽的黑眼睛。”

刚刚写好,他又想,这样一写把她写成了姑娘时代的样子,沦为妓女的生活痕迹没有了。

于是他又重写:“她穿着一种镶着花边的绿色衣服……长着一张易使人不得不回头一看的,富有魅力的脸……”

就在此时,他的创作遇上困惑,搁笔很久。

第12次修改稿是这样写的:“从牢房的门口走出一位个子不高,穿着灰色补丁衣服的年轻女人,她头上缠着一块白色头巾,但还是看得出她那乌黑的头发下面是一个美丽白净的、不高的额头。这个女人脸上一副憔悴的病容，一双乌黑而微微浮肿的眼睛斜放着。”

第15稿加上：“这个女人的面色显出长期受着监禁人的那种苍白。”

第20稿定为：“一个小小年轻的女人，外面套着一件灰色的大衣，她头上扎着头巾，明明故意让一两绺头发从头巾里溜出来，披出额头。这女人的面色显得出久受监禁人的那种苍白，叫人联想起地窖储藏着番薯所发的芽。两只眼睛又黑又亮，却仍旧放光，其中一只眼睛稍稍有点斜视。”

§作文有法

读书人,最不济,
啃时文,烂如泥。
学知本为成才计,
谁知变成玩把戏。
破承起入还不够,
再加四股定格式。
摇头摆尾朝夕念,
想入圣门称弟子。
可知道,《四书》、《五经》谁人作?
汉祖高宗哪朝帝?
读得肩背高低起,
读得口角流涎水。
甘蔗渣,烂菜皮。
嚼来嚼去何滋味?
白费多少好光阴,
误了多少正经事!
一朝骗得高官做,
百姓朝廷都怨气。

阅读感悟

这首打油诗传说是清末一位名叫徐大椿的写的，在民间流传很广。一传，必定走样，仅我见过的就有不下十数种版本，上面这首我在引用时综合后改动了一下，旨在谈作文，不是学习这首诗。

我读过一些徐大椿的小品文，很佩服这位老人，他八十多岁时还在嘲讽世俗，尤其生在“八股文”天下的清代，敢于大胆辛辣地嘲讽“八股文”，实在不容易。

“八股文”也称“时文”，就是前边诗中说的“啃时文”，还称“制义”或者“制艺”，是明清两代科举考试规定的文体。试题主要摘自《四书》中的某一句、某一段，应试的人作文内容必须依据宋代大理学家朱熹的《四书集注》来展开，不许自由发挥。这就已经是“划箍为牢”了，进了“牢”还有更严的规定，就是文前诗中说的“破承起入还不够，再加四股定格式”，就是每篇必须由“破题”、“承题”、“起讲”、“入手”、“起股”、“中股”、“后股”、“束股”八部分组成，后四股是文章的议论中心，每股又由两股对偶文字组成，合称“八股文”。

这篇文字既不是谈徐大椿的打油诗，更不是讲“八股文”，前边何以扯了这么多闲话呢？因为我下面要讲的话题离不开这首诗，也要牵扯到“八股文”。

作为诗，吴老先生这样写是可以的。如果他写的是文论，是论八股文的，就失之偏颇，甚至有一棍子打死之嫌。细细一读，他又不是专门在指责八股文，而是写那些死读书，读死书的无用书痴。

明清时代科举以八股文取士，确实葬送了许多人才，鲁迅先生的《孔乙己》就是写这方面内容的。徐大椿写的这首诗，从八股文的负面角度进行讽刺，也无可指责。

我的愚见是，八股文作为一种文体，只是限定太死，要求太苛刻而已，但对初学作文的人来说，不失为一种严格要求的训练方法。

初学作文的人，为什么“下笔千言，离题万里”？为什么“语无伦次，杂乱无章”？就是没有“股”的约束，没有按“股”进行严格训练。

初学作文的人不要怕说“股”，怕受“股训”。我在教学作文时，起步一轮必须经过严格的“训服”，记叙文一定要有时间、地点、人物、事件四要素，叙为过程，要有起因、发展、高潮、结局，这有什么错呢？鲁迅先生的《一件小事》怎么写的？时间：某年冬天，地点：某城S门，人物：我、车夫、老妇人，事情经过：起因，车把老妇带倒；发展，我与车夫的两面为难；高潮，老妇人装腔作势；结果，车夫扶着老人向警察局走去。再看鲁迅先生的《故乡》，时间：冬天，地点：故乡，人物：我、母亲、闰土，事件：回故乡。起因：回来卖房搬家，经过：近故乡，在故乡，离故乡，高潮：闰土、杨二嫂的变化，结尾：船离故乡越走越远，无形的高墙将我与故乡隔开。

再看看议论文的写作，必备论点、论据、论证或反驳。

我在教学生初学做议论时，还推行过一种“四段法”，即“起、承、转、合”，这几乎就是从八股文脱胎来的。起：总提论点；承：从正面说明；转：从反面说明；合：总结全文，揭示论点。

实践结果，证明它有三大优点：

一、符合正常思考问题的顺序。

二、正反议论，启发人逐层加深说透道理。

三、文理清晰，结构严谨。

最后强调一下，我没有作过“八股文”，我这篇文字意在借

“八股文”谈作文，基础训练要强调“严”，严就必须有“格”，有“格”就要按“格”训，训练有素了，养成习惯了，再离“格”，也不会“出格”太远了。

§纲举目张

收二川，排八阵，六出七擒。五丈原头，点四十九盏明灯，一心只为酬三顾；

取西蜀，定南蛮，东和北拒。中军帐里，变金木土革爻卦，水面偏能用火功。

阅读感悟

诸葛亮在我国是家喻户晓的人物，他的故事，无论是街头巷尾，还是山村野店，都会听到人娓娓讲叙，见于诗书字画的更是多如牛毛。然而，将其戎马倥偬、功勋盖世的一生用一副对联，五六十个字写出来，恐怕也不是一件易事吧！

诸葛亮为报刘备三顾茅庐之举，27岁离开卧龙岗，收二川，排八阵，六出祁山，七擒孟获，取西蜀，定南蛮，东和北拒，一生奔波不息，历尽艰险，为开创蜀汉基业堪称“鞠躬尽瘁，死而后已”。

这样一个人怎能用几十字来概括呢！从字面上看，作者似乎只罗列了诸葛亮一生开创蜀汉基业的几件大事。这几件事大家几乎都清楚，不要诠释也可以。但写诗作文不像办展览，把图片资料往外一放了事。诗贵在情，小说贵在细腻，戏曲贵在情节。这副小联是诗，它的情寓于事；这副小联也可以看成是一篇小说，因为它塑造了一个栩栩如生的人物形象。

人物形象怎样塑造，要靠叙事、记言、状行。而叙什么事，记什么言，状什么行，都要先确定你要塑造的是什么样的人物形象。

诸葛亮这个人物形象早已在云空中竖立起来了。那么诸葛亮为世人尊敬、崇拜、传颂，“亮点”在哪里呢？可以说是八个字：“忠于蜀汉，足智多谋。”在我读过的为数不多的写诸葛亮的书中，几乎没有一本丢开写他的高超谋略的，地摊上到处都有《诸葛神标》的小书出售，民间讲的“诸葛再世”、“三个臭皮匠，顶个诸葛亮”、“空城计”、“借车风”，几乎都是赞其谋略的。

这副小对联的作者，真正懂得为文之结，紧紧抓住了诸葛亮的人生亮点，扣紧了“忠”、“智”二字。从排列上看，似乎上联写“忠”，收二川，排八阵，六出七擒，皆为酬报刘备三顾之恩；下联写“智”，取西蜀，定南蛮，东和北拒，是得益于爻卦之功。

不能这样截然分割，鞠躬尽瘁创大业，全为感酬识遍之恩；屡战屡捷凑凯旋，全仗孔明超凡谋略。

汉朝的郑玄在《诗谱序》中说：“举一纲而万目张。”纲就是渔网上的大绳子，目就是渔网。

为什么诸葛亮这样一个历史名人，五光十色的人生，能用几十个字写出来，就因为作者抓住了“纲”，所以“目”才能收放自如。

言之有情

忆昔对弈情悠悠，
苦被严母一气丢。
将相坠河同日死，
兵车溺水一齐休。
马行千里随波去，
士入三川逐水流。
炮声一响天地震，
痛苦吾心被人揪。

阅读感悟

王阳明是明代知名的哲学家和教育家，自幼聪慧超凡，发奋读书，喜欢下象棋。与人对弈，每每出奇制胜，名闻乡里。王母家教极严，唯恐儿子下棋荒废学业，一气之下，便将象棋扔进了门前河里。王阳明见棋子纷纷落水，逐流而去，不禁泪如雨下，随口吟哦出这首《祭棋诗》。事可信，写信感怀也可信。但文前说这首诗是王阳明的原诗，可能性不大。我读过王的文章，也读过他的诗，他的文笔很好，用词考究。这首诗单从写作上看，实属平平。

我选用这首诗是想告诉初学为文者，这首诗的构思不错，轻轻道来，如行云流水，没有奇峰突起，没有大浪叠生，紧扣"将相兵士车炮”几粒小小棋子，赋予人性化的描写，同日死、一齐休、随波去、逐水流，似是写棋，更像写人，不是祭棋，而是祭友，祭亡去的昔日老友。望着这些老友死的死了，休的休了，去的去了，走的走了，那一声送葬的炮响，怎能不使我痛若揪心啊！

开篇一句“忆昔对弈情悠悠”，似乎与全诗有割裂之嫌，因为下文皆与“昔”字无关了，实则不然。没有昔日之情，何来今日之情？几粒小小的棋子丢了，值得如此痛心疾首，写诗以祭吗？值得！在仁人志士眼中，棋则是友，是良师益友，在它身上学会了举棋前的运筹帷幄、调兵遣将，在它身上学会落棋时的刚毅决断、自信不疑。小小棋盘，大大天地，决胜千里，或兵败如山，或于坦途之上折失马蹄，或危亡之际起死回生。母亲你错了，下棋不会荒废学业啊！子小学问大，盘上展乾坤。

可以肯定，这首小诗即使不是王阳明写的，也一定是一个爱下棋的人写的，因为它言之有情。只有对下棋情有独钟的人，才会有如此痛心棋子的丢失！

世上没有无缘无故的恨，也没有无缘无故的爱。恨因愤生，情因爱生。言之有情，必须心中有爱！

心中无情，即使言出“情”来，也是假情，不能感人！

学我者生，似我者死

作文有法，但无定法。既然有法，就要先听老师教法，弄清哪些法，怎么掌握法，即作文的基本要求：法则、规律、内容、形式。既无定法，就说明法外有法，再拘泥老师教的“法”不变就写“死”了，要学习法外找法，找到了还要会“变法”，这样写出来就是你自己的文章了。

学生问先生："怎样才能学得先生的生花妙笔，锦绣文章？"

先生说："学我者生，似我者死。"

何谓"学我者生，似我者死"？

学我者生，是讲初学写作的人，必须先认真学习写作的基础知识，掌握审题立意、布局谋篇、表现手法、写作技巧等，基本的为文方法，以规矩成方圆。

这一步，可以说是写作的"蒙学阶段"，先生说这一步你要跟我学，也就是我教你"启蒙"。先生教你的不单是理性知识，更是感性知识，因为他也是从这一步走过来的，不但有理论感知，更有实践感悟。

什么又叫"似我者死"呢？"似"就是像、如同，或者作助词用，释为"似的"、"是的"。照这样一解释，不就是说学得像先生，如同先生，就是"死了"吗？不是这个意思。

要想准确理解这句话，请再回过头来看看学生的问话。怎样才能写出像先生写的那等"锦绣文章"？先生说，学习作文章的基本方法，你要向我学；我怎么写，你就怎么写，我写的文章就是你写的文章的镜子、尺度、目标，那你就没有出路了，路堵死了，就是前边过不去了，不是"死路一条"吗？

掌握了基本写作方法以后，你就不能天天再围着先生转圈，要绕过先生，走到先生的前面去，开始自己"闯天下"，你见过几个永远只步别人后尘的人有大出息呢？

要"似"先生，超过先生，必须有个前提，打好扎实的基础，练好"底功"，非此不能；不"似"先生，超过先生，也得有两个前提：一是要立志，二是要有勇气。

先讲立志。

唐朝有位"火画"大家张南本，他与另一位大画家孙遇是同学，两人本来一起学习水墨画。孙遇水墨画画得非常好，名气越来越大，张南本无论怎样努力，都无法赶上他，更不要说超过他。张南本很有志气，不愿永远步人后尘，望人项背，他冷静地分析自己的素质，同在一条路上，他不让我，我也挤不过去，怎么办？改攻“火画”。他成功了，他的火画奇峰突起，卓然不群。火画跟水墨画不是一个门类，谈不上“超”，但是其艺术成就，堪与孙遇并为双璧。他的目标达到了，理想实现了。

立志非常重要，不想当将军的士兵不是好士兵，能当将军的虽然不多，但你要争，当不了“冠军”，争当“亚军”，当不了“亚军”的要争“季军”，通过竞赛人选最后一名，毕竟有“名”了，比“名落孙山”好吧！

再说勇气。

洪州府都督闫伯屿重修滕王阁后，邀请来当时众多学者名流在阁里聚会，饮酒撰文，大展才艺。闫都督女婿孟某，早就准备好文稿，要在宴会上诵读，一为夸耀自己的文采，二为岳丈争光。正巧14岁的小儿王勃路过这里，见孟某正在摇头晃脑，自鸣得意，心里十分不服，径直走进阁来，当场提笔作文，闫都督一见气了，哪来这么一个小儿，不知天高地厚，不但藐视，而且一脸愤然。大家都不以为然地看着，想看他的笑话，可是等到“落霞与孤鹜齐飞，秋水共长天一色”两句落笔以后，四座皆惊，赞叹鹊起，此等天才，当垂不朽矣！王勃的《滕王阁序》从此名扬天下，百代传唱。

学生大多可以超过先生，要立志超过先生，要有勇气超过先生。

再回来品嚼一下先生的话“学我者生”。生与不生，要看学得如何，秦菁学吹笛子，自以为学好了偷偷往山下跑，快到山脚了,忽然听到云上笛声悠扬,如行云流水,震魂荡魄,他知道只有师傅才能吹出人间天籁之音,他惭愧了,只好低头再往山上走。

如果你羡慕王勃勇气、才气,就要踏踏实实地学习王勃的寒窗苦读,先把先生教的学到,把基础打牢了才造楼。

“似我者死”,再来看看有学问的人是怎么理解的?

大画家石涛对这个问题有自己的见解,我把他的几句话用白话意译出来,大体是这样说的:

不要以为学到某一家的技法就可以立足了;不要以为学到某一种本领,就能久传下去了;不要以为某人的作品就是我们的最高境界……

这就是“似我者死”!要想生,就不能原地踏步,就不能故步自封,就要立志超越,有勇气超越。

想超越只有一条路,就是不辍苦学,反复实践。

超过难,不是想超就能超的,还是说要立志,要有勇气。花美吧?女人都想自己长得像花样的美,长相是生成的,能长得像花,已经极少了,超过花呢?想超怎么办?想办法呀!看唐朝大诗人刘禹锡的《春词》:

新妆宜面下朱楼,
深锁春光一院愁。
行到中庭数花朵,
蜻蜓飞上玉搔头。

蜻蜓喜欢往哪上面飞呢?花呀,花香花艳。现在它停在哪里?女人头上呀,为什么呢!女人比花更香更艳,超过了花!

§美　言

美言是生活中一道亮丽的风景，是一首富有魅力的颂歌！不管谁美言，被谁美言，谁的道德与业绩天平上都会增加重量。

美言是一种特别的真诚友善，是一种着意的锦上添花！在人生有限的空间中，美言如江海泛起的浪花，如天空中的祥云飘荡，如旷野中的乐曲奔突。美言与被美言者达成一种幸福，一种共振。美言应该成为烛照友情的公约，无论寒来暑往，流年转换，决不休止。

相对于造谣、中伤、诽谤、挖苦、讽刺、诬告、嘲谑、抨击、斥责、辱骂，美言是一种清新的空气，是一种甜润的风，是一种节奏铿锵的清平调！在语言污染无法滤净的年代，美言可以转换成绿色草坪，给人以春天般的温暖。

美言需要鸟语花香构筑一种意境，需要明月清风组合一种心态，需要花茵草圃组成一种浪漫。从都市的琼楼玉宇到乡间的草圃花溪，美言为世间的甲乙双方，达成默契。

生活中多几分美言，就少几分烦恼，多几句美言，就多几许爱意、几许芬芳。真诚的美言是一种善待生命、善待他人的壮举；平实的美言是团结同志、联络友人的元素。

美言可以凝结同心，支撑广厦，可以塑造春花秋月，打被亘古坚冰，可以开通友谊航线，可以畅流人生的运河。

学会美言，需要用纯净的心把花瓣染红，需要把坦荡的思想交给朋友，需要在古今文化的江海里沐浴。学会美言，等于文明不请自来；学会美言，可以让生存在这个世界里的芸芸众生，一年四季品尝花香，分享快慰！

金克义《美言》

阅读感悟

不要希望有一天读完某一本书，天下的事就都知道了，天下的理就都懂了。这本书还没有出版，也永远不可能有！

世上确有伟人，有百代永存的名著，如《论语》。有人说："半部《论语》治天下。"这个价值不得了吧，后来又有人补说："还有半部《论语》乱天下。"这自然是戏言。

我在阅读学生作文时发现，不少学生的胃口太大，一个小小的文题，本来该是一事一议的，他却纵横驰骋、旁征博引，把题写"炸"了。把该写的事写"飞"了，非但别人找不到，连他自己也找不到！

《美言》这篇小短文很值得借鉴、学习、揣摩。它是说"言"的，且是说"言"析"美"的。它层层递进、步步深入，把一事一议写深了、写透了。《美言》无论是构思，还是行文、遣词、达意都很值得学习写作的人一读一思。

强化练笔

《不唱违心的"颂歌"》

《不画虚幻的"美景"》

《敬佩，必先心悦诚服》

《言与行》

笑　声

笑声是生活的点缀。笑容可掬的人一般都是身心健康的人。一个孩子的笑声，好比一支童年乐曲，天真的欢笑，像一道清澈的瀑布。

冥思苦索的思想家不笑，因为他们整天埋头在一片宁静之中；强盗和罪犯也不笑，因为他们生活在担惊受怕的灰暗生活中，内心充满了凄楚和阴影。

骄傲、自负可以微笑；纵欲、暴食、偷盗也可以微笑。嫉妒者却不会微笑，他苍白的病态，往往自食其果；他愁眉紧锁，终究要被别人成就的大山压倒。

我们赞美笑声，我们为笑声祝福！因为笑声让世界摆脱了黑夜。

我们赞美笑声，因为它是晨曦，是太阳的光环！

我们赞美笑声，因为叫爱逗留在蝴蝶的翅膀上，在香石竹的花萼上，在石榴美丽的红宝石上。

笑声，有时是救世主，是长矛，是盾牌！

阅读感悟

这篇小短文值得一读，有以下几点收益：

一、从写作上看，它扣紧了一个“笑”字，从不同侧面、不同角度把它写得很深透，文字不多，内容不少。

二、让我们懂得了悲观人的愁、乐观人的笑，都是由其心理因素决定的，常笑的人必然对生活的态度是积极的，常愁的人必定是很消极的。

三、教我们要赞美笑声，因为笑声对自己、对别人都是有益的。

笑声不是廉价的，有些人想笑没有时间笑，他们要为人类做大事，无空闲，潜心专注使他无法笑。

有些人生活在凄楚的阴影中，成天担惊受怕，他根本顾不上笑；有些人只可以“微笑”，不敢放声大笑；有些人甚至连微笑也没有！

强化练笔

《让生活充满笑声》

《浅析“乐观”与“悲观”》

阅读附文

乐观与悲观

一

悲观者：垂杨柳，倒开花，何时结果？

乐观者：横竹根，直发笋，百日成林。

二

悲观者：哎！只剩下这半瓶酒了。

乐观者:嗨！终于找出半瓶酒！

三

悲观者:这世界有无数的墙。

乐观者:这世界有无数的门。

四

悲观者:这沙漠无边无际,只剩半壶水了,谁的命也救不了。

乐观者:每个人都把嘴唇润湿,也许十步之外就有清泉。

五

悲观者:已经失败九次了,下一次肯定还是失败。

乐观者:已经失败九次了,下一次应该是成功了。

六

悲观者:白发越来越多了……

乐观者:白发越来越多了,见识越来越广博了。

§读《伊索寓言》

钱钟书先生说《伊索寓言》大可看得，它至少给我们三个重要安慰：

第一，它是一本古代的书，读了可以增进我们对现代文明的骄傲；第二，它是一本小孩子读物，看了愈觉得我们是成人了，已经超出了那些幼稚的见解；第三，这本书差不多都是讲禽兽的，从禽兽变到人，你看中间需要多少进化历程！

蝙蝠的故事

蝙蝠碰见鸟就充作鸟，碰见兽就充作兽。人比蝙蝠聪明多了，他们把蝙蝠的方法反过来施用，在鸟里充作兽，表示脚踏实地；在兽里充作鸟，表示高超出世；向武人卖弄风雅；向文人装作英雄；在上流社会里，他是又穷又硬的贫民；到了平民中间，他又是屈尊下顾的文化分子。这当然不是蝙蝠，这是——人。

狗和他自己影子的故事

狗衔肉过桥，看见水里的影子，以为是另一只狗也衔着肉，因而放弃口里的肉，跟影子打架，要抢影子的肉，结果口里的肉也弄丢了。这篇寓言本意是戒贪得，但我们现在可以用到旁的方面。据说每个人需要一面镜子，可以常常自照，知道自己是什么东西。

不过，能自知的人根本不用照镜子，不自知的东西照了镜子也没用——譬如这只衔了肉的狗，照了镜子后，反会大叫大闹，空把自己的影子当做攻击狂吠的对象，可见有些东西最好不要对镜自照。

乌鸦的故事

上帝要拣最美的鸟做禽类的王，乌鸦把孔雀的长毛披在身上，插在尾巴上，到上帝那里去应选，果然为上帝挑中。其他鸟类大怒，把它插上的羽毛都扯下来，依然出现乌鸦的本相。这就是说：披着长头发的，未必就是艺术家；反过来说，秃顶无发的人当然未必就是学者和思想家，寸草不生的头脑，你想还会长出什么样的东西？这个寓言也不就此结束，这只乌鸦借来的羽毛全给人家拔去，现了原形，恼羞成怒，提议大家索性把自己天生的羽毛拔个干净，到那时候，大家光着身子，看真正的孔雀、天鹅等跟乌鸦有何区别，这个遮羞的方法至少是人类常用。

牛跟蛙的故事

母蛙鼓足了气，问小蛙说："牛有我这样大吗？"小蛙答说："请你不要胀了。当心肚子爆裂！"这母蛙真是笨坯！它不该跟牛比伟大，它应该跟牛比娇小。所以，我们每一种缺陷都有补偿，吝啬说是经济，愚蠢说是诚实，卑鄙说是灵活，无才说是美德。因此，世界上没有自认为一无可爱的女人，没有自认为有不如人的男子，这样彼此各得其所，当然会相安无事。

天文家的故事

天文家仰面看星象，失足掉到井里，大叫"救命"。他的邻居听见了,叹气说:"谁叫你眼睛只看高处,不管地下呢!"只往高处看,不顾脚下的结果,有时是下井,有时是下野或下台。不过,下去以后,绝不说是不小心掉下去的,只说是做下属的调查和工作,譬如这位天文学家就是很好的借口:"坐井观天。"真的,我们就是下去以后,眼睛还是向上看的。

阅读感悟

我把钱钟书先生偶读《伊索寓言》后写下的这些感想文字,摘录一点提供给青少年朋友学习阅读感悟,是经过反复考虑的。因为有以下几个问题,如不搞清楚,"读读、想想、练练"都有困难:

一、有人反对,或说不主张孩子读寓言,认为寓言中有不少坏心术,易于产生负面影响。例如乌鸦嘴里的肉被狐狸骗走后,不知同情乌鸦,反而很羡慕狐狸善骗,说不定也学起骗术来。

二、寓言里的故事,多是作者假想出来的。生活中真实的东西还不够写吗?不是反对我们造假吗?为什么要造假?这个问题还真不易回答。应该这样说,因为寓言是要借"假想"的故事,来说明某种哲理,从而达到讽刺和教育的目的。为达到这个目的就要靠"假想"吗?也不是的,因为这是由内容来决定表达方式的。说具体点:寓言中的鸟兽、花草、山石、河流……都会说话,都有灵感,其实它们都没有这种功能怎么办?只好"假想",他们会思考、会说话,应该怎么说、怎么想?这些只能凭借"假想"了,你说"造假"也可,但这种"造假"又有合理性。

三、寓言中写了鸟兽,不是给鸟兽看的;写了花草,不是给花草看的,它们都看不懂,这些都是写给人看的,让人从中悟出道理。

不把上面这几点搞明白，便难感悟，更难练笔。

为了帮助大家练笔，就选讲这几则寓言，提出几个思考题让大家仔细想想。

1.《蝙蝠的故事》最后已经点明了不是蝙蝠，是人。生活中有没有这种人？他为什么要在文人面前“卖武”，在武人面前“卖文”？他为什么要跑到上流社会中去充贫民，又到平民中去表示“屈尊”？

2.《狗和他自己影子的故事》里，最后有一句话：“有些东西最好不要对镜子自照。”这些“东西”是“东西”吗？它们到底是什么东西？它们为什么“不要照镜子”？它们究竟该不该照镜子？

3.《乌鸦的故事》中，当乌鸦的伪装被揭露以后，原形毕露，恼羞成怒，它为什么提议索性大家把自己天生的羽毛都拔干净，到那时大家都光着身子，再看看孔雀、天鹅、乌鸦有什么区别。这个建议是否合理？你揣度一下，乌鸦此时的心态，是一种什么心态，该不该持有这种心态？

4.《牛跟蛙的故事》最后作者有一段话：“所以，我们每一种缺陷都有补偿，吝啬说是经济，愚蠢说是诚实，卑鄙说是灵活，无才说是美德。”这是作者说的“补偿”方法吗？

真的就该这样“补偿”吗？如果不是，作者这样说是什么意思？这些话的深刻含义是什么？

5.《天文家的故事》里，天文家掉到井里，大呼救命，他的邻居说：“谁叫你的眼睛只看高处，不管地下呢！”天文家不看天看什么？这话是对天文家说的吗？那又是对什么人说的呢？

作者在故事后又说：天文学家还有一个很好的借口——坐井观天。这也是说天文家的吗？不说他又在说什么人呢？

上面几个问题，仅供大家阅读思考、感悟。

强化练笔

依据自己的感悟，针对每则寓言，也可综合思考，自己命题，写几篇夹叙夹议的感悟类型的短文。

§农妇语录

计　较

我看不筑围墙的好，筑了围墙可以保住果子，可人情也就丢掉了。怎么摘也只是几个水葡萄。他们的孩子摘了我们的水葡萄，我们的孩子也摘过人家的石榴。我们去跟人家计较，人家也会跟我们计较。

——与丈夫的谈话

牵　牛

牵牛时，别把牛绳拉得太紧。太紧牛鼻就痛，痛了它就不肯跟你走。要不你就跟它并排走，要不让它走前边你走后边，这样它就听话了。

——与大儿子的谈话

和　好

二叔住院了，我们也应该去看看，送点东西，给一些钱。吵架的事已经过去了，老记在心上，两家人不是成了仇人？我们不记了，他们也就不会记，两家人就和好了。

——与丈夫的谈话

诚　　实

没有吃饭就说没有吃饭,没有钱就说没有钱。你说吃了,人家当然不会再叫你吃,你说有钱,别人自然不会再管你。骗了别人也就是骗了自己,要面子就不要肚子。是不是?

——与二女儿的谈话

交　　往

闲时要和人坐,有话要跟人讲。不要老是待在家里闷在房里。一个人不跟别人交往,就像一间房子没有门窗。

——与小女儿的对话

唱歌与种菜

唱歌跳舞是你不错,种菜喂猪你就不比她。她可以不听你的歌,不看你的舞,但你不能不吃她种的菜。

——与大女儿的谈话

老　　师

我看雷丽老师水平不低。谁都有不懂的东西,不懂就问,这也是水平。老师向学生请教没有什么好笑。村干部也问过我怎样种茄子哩。

——与小女儿的谈话

麦邦盈辑《农妇语录》

阅读感悟

我在《读者》上看到这篇《农妇语录》,非常喜爱。

原文总计有16段，我这里只选了7段，因为这7段语录贴近同学们的生活。

我为什么非常喜爱它，有以下理由：

一、生活是写作的源泉。

记得我在班上读这篇文章时，有不少同学认为，这是作家假造的，哪有这样高水平的“农妇”。

我说：“错了，你们不了解农妇，轻视农妇，低估了农妇！”

我在农村生活了20年，这样的农妇我不止见过一个。

一次，邻家的桃子熟了，我和几个孩子翻墙过去偷摘，我很笨，从墙上摔到墙里，扑通一声。吴婶从屋里出来了，我吓坏了，怕她打我，哪知她把我牵起来先看看我摔坏了没有。马上说：“傻孩子，门不是开的吗？桃子结了不就是让孩子吃的吗？有大人跟孩子争食的吗？记住，从墙上爬过来摘桃子就是偷，从门里进来就是摘，不该摘的就不能摘，不能偷！”说完了，她自己摘了许多桃子。

我们每人装两口袋高兴地走了。

又一次，一个瞎子老头到村里要饭，天正下雪，冷得很。一个老婆婆盛了一碗热饭让老人坐在避风的檐下吃，见他脚上还是一双破单鞋也没有袜子，马上回屋拿来一双半旧的棉鞋和一双袜子，让老人穿上了。一会儿子回来了，一看马上说：“妈，那棉鞋还是半新的，我还要穿的。”老婆婆说：“你还要穿，你脚上穿的是什么？自己穿着新的，一双旧的闲着也不肯给赤脚的穿，你还是有心有肺的人吗？”儿子通红着脸钻进屋里。

这些“农妇”不会说大道理，更不会著书立说，但只要你走近她们，你就会收获像《农妇语录》一样的“金子”。我深信这是农妇的话，也许她说不到这样“文”，但“落地有声”，要学会在生活中去寻找。

二、有理不在声高，事说透了，理就出来了。

《农妇语录》中还有一段对小儿子说的话："县长大还是老师大，我看是老师大。你不上课老师会批评你，你不懂的老师会教你，你进步了老师会表扬你。这些事县长是不会做的，连有没有你这个人他还不知道哩。"这是在教我们正确认识世界，县长与老师，只是对比，换省长、乡长都可以，目的在教我们不要用等级观念来衡量人。没有说教，更没有大理论，理在言中。

三、7条道理教我们做一个真正的人。

不要人为的制造人与人之间的隔阂；要善待牛；不要记仇；说话要诚实；要与人交往；要正确看待别人；要正确认识事物。

强化练笔

这7则语录，只要你认真读，细细品嚼，每篇都会叩击心灵，给人教益与启迪。

根据自己的感悟，加深理解，自己命题，写一篇作文。

§两首小诗

理　想

有它，无它，不一样。
有它，像船儿有桨，
能漂滩，能斩浪；
无它，像一只花公鸡，
只知为觅食奔忙。
有它，即使天黑下来，
也看得见光亮；
无它，纵使在白天，
眼前也一片迷茫。
它的名字
叫“理想”！

网

网，是残缺的完整，
完整的残缺。
撒下去，
水因网的残缺而回归原处；

拖上来，
鱼因网的完整而在劫难逃。
不要害怕残缺，
也不要固守完整，
网，是一部
张收有致的辩证法。

于沙《浅说人生》

阅读感悟

在批改学生的作文中，发现不少同学有个习惯，想说明某个问题，好举很多的例子。举例说明或打比方来帮助说明，这种方法很好，但太多了就不见得好，为什么？以比喻而言，它是由本体、喻体和喻词构成的，因为“本体”是不变的，你选一大堆“喻体”来比，这么多“喻体”怎么可能都一样呢？本来一个还比较准确，太多了，反而“比”不像了。

俗语说：“烂桃一筐，不如鲜桃一口。”就是这个道理。

上篇里的《农妇语录》最大的特点就在一事一比，说事明理，不枝不蔓。“县长大还是老师大，我看是老师大”、“唱歌跳舞是你不错，种菜喂猪你就不比她。”

这两首小诗，就有《农妇语录》一样的写作特点：一事一说，以达意明理为目标。

“理想”同学们几乎都写过，想想你是怎样写的。这首小诗写理想，只选了一个角度，只谈一个问题，什么问题？有理想与无理想不一样。

我认为《网》写得更好。寥寥几句，不但写得深，而且写得透。

网，多指渔网，一提起网，我们自然想起渔网。但网并不单指渔网，花圃里有给花草挡阳光的“遮阳网”；建筑工地上脚手架有“防护网”；捕雀人用的“罗网”……

大家可以想想，如果写作不“有的放矢”，要写多少才算“尽善尽美”。写得全的，就是写得透的？写作不是这个目的，尤其是我们练习写作。

《网》写得怎样好呢？抓住实质，言简意赅，渔网的实质是什么？从构成上看是“纲”与“目”；从作用上看是捕鱼。作者又非平铺直叙，而是抓住“完整残缺”四个字：就整张网来说，它是完整的，因完整而可以捕鱼；就一个一个网眼而言，它又是残缺的，因残缺而漏水。水能过的鱼不能过，残缺无碍，完整有用，因为是捕鱼的，不是捕水的。

再一提升，告诫读者：不要害怕残缺，也不要固守完整。网是辩证法，人生更要讲辩证法。

事写透了，理就自然出来了！

强化练笔

《有理想以后……》

《多走一步，比坐着空想好》

《渔网的启示》

《别对着“残缺”饮泣》

§棋　局

人生就像是一局棋,对手则是我们的环境。有人能预想几十步,乃至几十步之外,以便早早做好应对;有人只能看到几步,甚至走一步算一步。

与高手过招,常一步失策,满盘皆输;高手下棋,眼见的是残局,却可能峰回路转,起死回生。

有的人下棋,落子如飞,但常忙中有错;有些人下棋,因最初考虑太多,后来捉襟见肘。

有的人下棋,不走到最后关头,绝不认输;有的人下棋,稍见棋势不妙,就弃子投降。

棋子总是愈下愈少,愈是剩下的少,便愈加小心地下。赢固然漂亮,但撑到结局,输了也值得。

所幸者,人生的棋局,虽是"起手无回",但观棋者,却不必"观棋无语"。功力差的人,找几个参谋,倘能开创好局面,还有胜的可能。但有一条切记,不能只听参谋的,否则胜利永远是别人的。

如果不知道计划未来,必是个很差的棋手;如果没有参谋,必是个很孤单的棋手;如果因为输不起而推翻棋盘,必是最懦弱的棋手。

请再记一条:当你的棋子所剩不多时,可以想想你已有哪些收获，想想收获比焦虑失败好，然后加倍小心，把最后的几粒棋子，放在最佳的位置上。

佚名《人生的棋局》

阅读感悟

这是一篇写得极有见地的短文，以棋局喻人生，说得既有力度，又有深度。文字浅显，言简意赅，无须阐释，大家仁智各见。

然而，正是最明白的地方，最易被忽略。

青少年朋友们都知道“洞若观火”这个词，可我至今没有见到一篇文字，把“火”写得淋漓尽致、入木三分，这是为什么？因为在人们眼里，火就是红色的（也有特殊的，如白色等），是燃烧的。谁都知道，没有什么，这就是忽略，不信你细细看看各种“火”，写写看看。

说这些，是想提醒大家，《棋局》这篇短文，易被忽略。

文中讲的“与高手对招”，一步不能失策；有的下棋，落子如飞；有的下棋，举棋不定；有的不到最后，绝不认输；有的弃子投降；棋子愈少，愈该小心……人生亦如此，在人生的棋盘上，不会计划未来，是“很差的棋手”；没有参谋，是“孤单的棋手”。

似是都谈“棋”又几乎全是意在言外。请细读深悟！

强化练笔

《昨天、今天、明天的联想》

《憧憬明天，从今天起步》

《失败，有时是另一种收获》

《挫折，多是一种忽略的财富》

《永不言败，但须慎思》

§铅　笔

铅笔即将被装箱运走，制笔人对它说：

“在进入这个世界之前，如果能记住我的话，就能成为一支最好的铅笔；

“你将能做很大的事，但有一个前提，就是你不能盲目自由，你要允许被一只手握住；

“你可能会受到削般的疼痛，但这些痛苦都是必须的，它会使你成为一支有用的铅笔；

“不要过于固执，要承认你犯的错误，并且勇于改正它；

“不管穿上什么样的外衣，你都要清楚一点：你最重要的部分总是在里面；

“在你走过的地方，都必须留下不可磨灭的痕迹，你必须写下去。要记住，生活不会永远毫无意义！”

阅读感悟

读这篇寓言，我有一种清新感，一种敬佩感。

清新感是它不落俗套，直接上题，一二三四，寓理于中。敬佩感是佩服作者，大处着眼，小处着手，把教人这样一个大主题，通过一支小铅笔来写，说是写人，分明在写笔，句句字字不离笔；虽是写笔，却又实实在在是写人。因为只有人才会“盲目”，才会感觉“疼痛”，才会“固执”，才会“清楚”，才会“记住”！

人为什么会犯错误？就因为遇事盲目。人为什么不敢解剖自己？就是怕疼痛。人为什么不肯承认错误？就因为固执己见。人为什么常常忘了自己？就是缺乏清醒的反思。

强化练笔

《对“约束”的理解》

《看刨铅笔所想到的》

《坚持与固执》

《一件事让我明白的道理》

§拼　凑

很久以前,一位哲学教授厉声斥责我:“你毫无想象力,你将一事无成!”

我觉得他太不公道,当着全班同学面,就和他顶撞起来。教授却笑了,让我到黑板前面去,画一头想象中的野兽。

我略略思考了片刻,开始画了起来:猪的身子,鹰的翅膀,鹿的腿,鱼的尾巴,最后加上教授的头脸。

满教室同学笑得东倒西歪,教授对我的大作不屑一顾地点评起来:“你所画的只不过是把看到的东西拼凑起来,这种玩意谁都会画。杰出的人才会创造,平庸的人只会拼凑!”

阅读感悟

这篇短文写的事,无疑不具有多少真实性,但你又不能绝对否定生活中就没有这样的巧事。不论真假如何,我都要为它拍案叫好。

我喜欢它,认为它写得好,有下面几条理由:

一、从写作角度,它的构思奇巧。

开篇老师批评学生“毫无想象力”;整个过程写学生不服,极力表现自己具有想象力;结尾说明老师的批评是对的,事实证明学生没有想象力,首尾呼应。

巧在哪里？巧在教师的命题，要学生画一头想象中的野兽，正“巧”撞到学生要出气报复的枪眼上去了。如果是其他命题呢？可能就不是这样的文章了。

二、从写人的角度，它塑造了两个栩栩如生的人物形象。

教授：睿智博学，教学有方，直言不讳，豁达大度。对不能正确认识自己、孤芳自傲的学生厉声斥责，旨在望铁成钢。学生跟他顶撞，他却不生气，反而笑了，不是以威压人，而是用事实教育人。

学生借答题反击回报，实际上是带有侮辱性的，引得满堂哄笑。教授却不屑一顾，依然不生气，更无过激偏颇行为，而是抓住良机，切中要害，进行说理分析，最后推出哲理名言，达到教化的目的。

学生：不盲目接受别人对自己的评价，虽有些自以为是、孤芳自赏，但有个性，敢于直陈己见，也是优点。作画动机不纯，为了报复教授，态度不对，不该侮辱教授。思维敏捷，但思维还缺乏缜密，想展现“想象力”否定教授，实际上恰恰证明了自己缺乏“想象力”。学生最可贵的一点在于知道自己错了，就再不无理诡辩，知错认错，是十分可喜的。

三、升华主题，得出明晰的结论：拼凑不是想象，杰出的人会创造，平庸的人只会拼凑。

仅从上述三个方面，这篇短文就非常值得我们好好学习，反复思考。

想象力不是天生的，想象力对创新来说是必不可少的，所以我们必须学习，尤其要在生活中去注意培养自己的想象力。

为了帮助青少年朋友更深刻地感悟这些，我再说个故事。这个故事是我从一本书上读到的，可惜现在找不到了，只能凭回忆，

把大概写下来:

父母都希望子女成绩好,这无可厚非。

数学分数改出来以后,儿子回到家,母亲迫不及待地问:“考得怎么样?”儿子说:“有两个消息,一个好的,一个坏的,你想先听哪一个?”母亲有些不解,只考一科数学,怎么两个消息呢?也不想细打听,只想急切知道儿子成绩,就说:“反正两个都要听,就先说好的吧!”儿子说:“我的数学成绩考了全年级第一名。”母亲兴奋不已,连说了几个好字。但情绪马上黯然下来,因为后边还有一个坏的,便又问:“坏的呢?”儿子说:“刚才那个消息是假的,我考的是年级第二名。”

母亲心定了,赞美儿子说:“第二已经很不错了!数学成绩虽然考了第二,但幽默考了第一,综合评定,我儿子还是最优秀的。”

语文成绩也下来了,父亲问儿子:“考得怎么样?”儿子说:“一个好消息,一个坏消息,你想先听哪一个?”父亲说:“两个都得听,先听坏的吧!”儿子说:“我的语文成绩考了全年级倒数第一。”

父亲一听大怒,骂儿子不争气,天天都干什么去了,晚上熬到半夜,原来那是在做假象欺骗父母的。儿子笑笑说:“还有一个好的,你还没有听,怎么就生气了呢?这次我们的语文成绩排名次是从最低分往后倒排的,我排在倒数第一,不正是全年级的正数第一吗?”

这个学生为什么要这样回答他父母的提问呢?原来老师出了一个作文题《成绩单发下来之后》,要求学生写得既真实,又幽默,体现构思精巧的创新意识。

大家想想,如果把这个学生回答父母话的全程写下来,是不是很真实、很精巧、很幽默，也很具想象力？

强化练笔

1. 请认真阅读《拼凑》，结合“阅读感悟”中补讲的故事，自己命题，写一篇自己有深悟的短文。

2. 也许老师很少指责你，设想如果老师对你某方面有过指责，请把你的心理状态和对答的言语行为写篇短文。

3. 请你也写一篇《成绩单发下来之后》。

要求：构思精巧，能体现幽默，要尽量真实，也可有少许虚构。

§坚守高贵

三百多年前,建筑设计师克里斯托·伊莱思受命设计英国温泽市政府大厅。他运用工程力学知识,依据自己多年实践,巧妙地设计了只用一根柱子支撑大厅的天花板。一年后,市政府组织权威人士进行工程验收时,却说只用一根柱子太危险,要求他多加几根柱子。

伊莱思坚信,只要一根坚固的柱子,就足以支撑大厅天花板。他的固执惹恼了政府官员,他险些被送上法庭。

伊莱思很苦恼,坚持自己的观点吧,政府肯定要另外找人设计;不坚持吧,又有违自己的做人准则。矛盾了很长时间,他想出了一条妙计:在大厅里又加了四根柱子,不过这些柱子都未和天花板接触,只不过是装装样子。

三百多年过去了,这个秘密始终没有被人发现,直到前两年,政府修缮天花板,才发现他的"弄虚作假"。消息传出以后,世界各地的建筑专家云集这里参观。政府不再掩饰,将大厅作为一个旅游景点供人参观,旨在引起人们崇尚和相信科学。

游宇明《坚守你的高贵》

阅读感悟

有两句话,意思是一样的,但表达用语不同。

一句是“大事讲原则，小事讲风格”；一句是“大事不糊涂，小事不计较”。这两句话是我们对待生活中的大事小事应该持有的一种态度。

再来看看伊莱思设计市政府大厅的事，这事无疑算是当时的一件大事。

工程验收时问题出现了。伊莱思的设计中只用了一根柱子，他的理由是“足以支撑大厅的天花板”。政府官员不同意，他们的理由是“只用一根柱子太危险”，必须多加几根。矛盾出现了。

按照前边两句对待大事的态度：伊莱思就该坚持原则，不糊涂，就不能再增加柱子；政府官员就该坚持原则，不糊涂，就必须增加柱子。

伊莱思除了苦恼，没有别的办法，不增加柱子，只有两种结果，一是被送上法庭，二是政府找别人重新设计。

最后，柱子增加了。政府在这件大事上坚持住了原则，伊莱思在这件大事上没有坚持住原则。

三百年后，真正的结果出来了，增加的柱子是虚设的。

历史的回答是：政府官员坚持住了原则；伊莱思也坚持住了原则。

科学的回答是：政府官员坚持原则，错了；伊莱思坚持原则，对了。

说到这里，一个道理出来了：讲原则，或坚持原则，首先必须确定原则绝对正确；“不糊涂”必须是绝对明晰，否则，就不能坚持，坚持就可能是错误，乃至大错特错！

强化练笔

《错了，就不能坚持》

《坚持与固执不能画等号》

困　驴

一头老驴失足掉进了深坑，农夫考虑好久，确定根本无法救驴出坑，但想想驴子也辛劳了一生，不如让它早死，省得在坑里再受煎熬。于是，农夫便开始往坑里填土，想把驴闷死。

当农夫往坑里抛土以后，驴被吓疯了，但几乎是同时，驴镇定下来，每次土一抛到它背上，它就用力抖掉，然后踏着土块，往上走一步，农夫不停地抛，驴子不停地抖，脚下土不停地增高。不管土块砸在身上多痛，驴就是不放弃，不知过了多久，那头筋疲力尽、伤痕累累的驴终于安全地回到地面。原来，它把埋葬它的土块，当成了自己的垫脚石，最终得救了！

这件事告诉我们：一切改变，都来自对困难的态度，人生也是一样。

当我们遇到困难时，消极的人总是悲观等待，积极的人却选择抗争，要敢于面对困难，不退缩不逃避，向命运挑战，乐观向上！

史建宏《困驴的启示》

阅读感悟

《困驴》里有句话说得很对，"这件事告诉我们：一切改变，都来自对困难的态度，人生也是一样。"

这里所说的"态度"，我想起码有两层含义：一是对困难的认识，你是想战胜困难，还是愿意被困难压倒；二是战胜困难的办法。

几乎没有一个人说，他愿意被困难压倒，但也没有一个人敢说，这里困难一出来，那里他的办法就拿出来了。如果真是那样的话，困难就不叫“困难”了，办法似乎也不叫“办法”了。

人生既然免不了困难，有的困难甚至到了危及生命的时候，办法又不可能从天而降，怎么办？请你记住：镇静！克制急躁，冷静思索，思考脱离危险的办法。

我谈两件亲身经历的事。

我家乡的村子外边有个水塘，水塘边种了许多桑树。有棵又大又老的桑树，长在塘埂下边，弯曲变形的树身，伸到塘里，结满了鲜红的桑果。我们三个孩子相邀去摘，两个大一点的爬到树上，我最小，他们不让我上，说让我在下面捡他们丢下来的果子。两人摘得正高兴，一个孩子踩断了树枝，掉进水塘里，吓得又哭又叫又扑通，哪知没动三下，水已淹到胸口了；树上另一个孩子清醒了，大叫：“你一点不能再动了，再动你就死定了！”水里孩子不动了，像在那里站着，不再往下落。树上的孩子下来了，立即跑回村里找来一根很长的竹竿，伸给水中的孩子，让他紧紧握住那头，轻轻一拉，他就上来了。得救了！

原来这个水塘很深，曾经淹死过人，里面全是水草，因为水草太深太密，连鱼虾都不能生存。人要掉下去，只要一点不动，就什么事也没有，水草在下面垫着脚，像站在棉被上一样，只要一动，脚就被草裹住，缠死，越陷越深，无法可救。

一年冬天下雪，天太冷，我在后边小院里生火盆，把木炭装好，为了想它快点着火，便在木炭上加了一点汽油助燃，汽油少了，着得很慢，我想再加一点汽油上去，又不敢从上面直接倒，怕火喷起来，便想办法，从一侧歪着瓶，把汽油往火盆里“射”，以为这样既保险，又能把油加到盆里。哪知射了两下，突然火盆里大火一喷，直蹿上来，我射出去的汽油，立刻成了一条火龙。我吓得六神无主，眼看着大火就要上屋，慌忙去找来一把大扫帚想按住火苗，儿子在叫，妻子从屋里出来了，一句话也没说，稳稳地握住火盆的脚，把一盆熊熊大火端到屋外场上。化险为夷了！

请大家也记住这两个故事，会有好处的。

强化练笔

《临危勿乱》

《水是慢慢结成冰的》

§信　任

信任一个人，有时需要多年或更长的时间。

倘若你只信任那些讨你欢心的人，那是毫无意义的；

倘若你信任你所见到的每一个人，那你就是傻瓜；

倘若你毫不犹豫，匆匆忙忙信任一个人，那你就有可能会以同样快的速度被那人背弃；

倘若你只是出于某种肤浅的需要去信任一个人，那接踵而来的可能就是恼人的猜忌和背叛；

倘若你迟迟不敢去信任一个值得你信任的人，那你永远就无法获得真正的甘甜和人生的幸福，你的一生也就是黯淡无光的。

信任是一种有生命的感觉；

信任是一种高尚的情感；

信任是人与人连接的纽带。

从小有义务去信任一个人，除非你已证明他不值得你信任。

你有权利受别人信任，除非已经证明你不值得别人信任。

（美）戴维·威斯格特

阅读感悟

有一个故事，不知同学们是否听过。古时侯有一支部队打了败仗，又被敌人尾追不放，偏偏又被逼到一座岔路很多的山前，谁都不知道该走哪条路才可以逃脱，看来是凶多吉少了！大队人马都停在山下，犹豫不前。

过了一会，有人突然发现排在后边的一匹老马，竟自己出了队伍，一直走到队伍前边，而且照直沿着一条弯曲的小路走了。大家醒悟了，这匹身经百战的老马认得路，慌忙跟上。这支部队终于被老马带着走出了困境，顺利回到营地。

这说明路是只有走过来才会认识的！事也如此，非经历而不知难易。

谈信任，何以扯到走路办事上去了呢？“信任”也是如此。

这篇短文，把“信任”一词说得很尽，可以说方方面面几乎都说到了，但我认为最值得重视的还有一点没有说到，就是学习认识世界，指导生活，不能只学理论，道理懂得多确实好，但不等于就能做。重要的是在实践中学，向走过那条路的人问路，向经过那件事的人问事，虚心求教。

曾经听老人说：我一生就吃亏太相信别人了；我一生最大长处就是信任别人；相信别人，才能相信自己；宁可相信自己，不要相信别人……当你听到这些感慨时，要问问他们这些感慨背后的故事，因为他们的话多是“经验”的总结，都是事出有因的，他们就是“老马”，他们能带你走出“困境”。话又说回来，别人的话，不可不听，但也不可全听，要思考，要分析，吸取精华，去其糟粕，找出共同性与特殊性。

强化练笔

1. 写一篇读后感。

2. 结合自己亲历的事，写一篇短文，谈谈从这件事上，你是如何理解“信任”的。

土　地

沙漠中找不到水，将手帕包住饼干埋入深土，饼干吸取土里的水分，救了干渴者的命。人，一切向土地吸取！

大杂院无法泼脏水，挖了渗水坑，倒吧，脏水都渗入土里，土地能容忍一切！

江南三月杨柳岸，母亲的颜色；戈壁滩广褒浩瀚，母亲的胸膛。我画了一幅原野山岭，题名《母亲》，有人以为弄错了画名，没错，怎么能错认母亲？

太阳的温暖总被人歌颂，我登上高高的雪峰，更近太阳，却十分寒冷，离土地太远了！吐鲁番的烈日难熬，人们躲进地窖，土地深处好！

人民诞生于土地，儿子像母亲，母亲似的土地。

海外的游子，随身带一包祖国的土，多少朝暮，打开泥土，聊寄相思苦。

阅读感悟

这是作者抒发自己对土地母亲深挚感恩的一首颂歌。

他的画好，文也好，人更好，有其人，才有其文！

这篇短文乡下孩子读更亲切一些，因为比较而言，他们对土地熟悉一些，天天走在乡土路上，干活要下田，游泳要下塘，土地上生长的五谷他们都熟悉。

从小在城市的水泥森林里长大的孩子，读这篇短文有点距离感，起码是感知肤浅，他们看到的黄土地，多是电影中的画面。偶尔跟父母回乡下爷爷奶奶家、外公外婆家，也是做客，走马观花，依然所知甚微，感受更有点浅尝辄止。其实城市也在土地母亲的怀里，没有城乡之分，只是习惯看法而已。

热爱土地，感恩土地，不是说注定要一生就在地里田里劳作的人，才该有的。如果照这样推理，那些乡下孩子发奋读书，立志成才，离开了乡土，不就是土地的“叛徒”吗？不是的，绝对不是的！作者不是一直生活在大都市里吗？甚至跑到国外去了。热爱土地，感恩土地，是要我们记住土地的深情大恩，生我们养我们的深情大恩！要饮水思源，吃果子记得树，只热爱、感恩还不行，要回报母亲、回报土地，为母亲争光，为土地争光。这才是真正的热爱，真正的感恩！

强化练笔

《母亲的期待》

《我爱家乡》

《走在田野里想到的》

《生我养我的这片土地》

§享受安乐

一个国王和一个奴隶同坐一条船。奴隶从来没有见过海，更没有尝过坐船的滋味，他一路哭哭啼啼，战栗不已，大家百般劝他，都毫无作用。

国王被他哭得不能安宁，很烦。可是大家始终想不出什么办法来让奴隶安宁下来。

船上有一位哲学家，他对国王说："您若允许，我可以试试让他安静下来。"国王同意了。

哲学家立即叫人把奴隶抛到海里，沉浮了几次，人们才抓住他的头发把他拖到船上。上船以后，他用手紧紧地抱住头，坐在一个角落里，不再做声。

国王很高兴，问哲学家："你这方法灵在哪里？"

哲学家说："原先他不知灭顶之灾的痛苦，便想不到稳坐船上的可贵。大凡一个人，总要历过忧患，才知道安乐的价值。"

萨迪《奴隶与哲学家》

阅读感悟

从情节上看，这是故事，甚至只能说是寓言。

从事理上看，太说不过去。一个奴隶哭，让一位国王烦，国王却没有"办法"。

从办法上看，这办法太残酷了，人们要是抓不住奴隶的头发呢，哭泣就该死？

从阐明道理上看，这个道理不深，读懂它的人并不少。

《享受安乐》并不是要研究上述问题，它旨在说明：人们往往忽视安乐的价值。这个问题很值得青少年朋友们，尤其是生活在幸福安乐中的青少年朋友们深思。

奴隶经历过几次海里沉浮，被救上船来，他再不哭泣了，因为他懂得坐在船上是安乐幸福的。人，都要经过这样“比照”，才能懂得安乐的幸福？绝对不是！

但为什么有人“身在福中不知福”？因为幸福往往不是自己创造的。他不懂得幸福是血汗换来的，他只庆幸自己“赶上了好日子”，不知道去想这“日子”是无数先辈奋斗打拼换来的；他只庆幸自己有个好家庭，没想到这是父母流血流汗换来的。衣来伸手，饭来张口，手伸惯了，他就觉得这件也不如意，那件也不如意；口张长了，就觉得这也不合口，那也不合口，“幸福感”就渐渐淡了，渐渐消失了。

要想真正享受幸福、感受幸福、理解幸福，就必须发愤图强，自己去创造幸福，这样，你才会珍惜幸福！

强化练笔

《享受与创造》

《学会鉴别》

§挨　打

小时候第一次挨人揍，感到很委屈。打我的那小子看上去像个瘦猴。不过我很快明白：他年龄比我大，力气比我大得多。对我来说，这街头“大学校”的第一堂课，使我得到一次重要的教训，我从中得到以下结论：

第一，我不对。当时那孩子只对我说了句什么，而我却很粗鲁地把他顶了回去，那话简直能把人噎死。实际上我这样粗暴是无道理的，因此，我当场就受到了惩罚。

第二，如果当时站在我面前的是个人高马大的壮汉，也许我就不会对他那样粗暴，而这孩子第一眼看去就瘦骨伶仃。当我吃了苦头后才明白这样做不对，才明白不论对谁都应尊重。

第三，我明白了，在任何情况下，不管我对与否，如能进行还击，就都应该是强者。可那孩子根本没有给我任何还击的希望。

第四，我应该时刻做好准备，一旦遭人欺负，瞬间就应该进行回击。瞬间！

此外，我明确意识到：不到万不得已，不能轻易卷入什么冲突。但一旦有什么情况发生，就应该考虑无路可退，因此必须斗争到底！

（俄）普京《挨打悟出的道理》

阅读感悟

先不看阅读感悟,请每个人都回忆一下:

你从小到现在有没有挨过打?

如果挨过打,挨打的次数多不多?

如果次数多,有没有因同样的原因、同样一种事挨了多次打?

你挨打以后,有没有总结教训:是该打,还是不该打?

你有没有从中明白了什么?

这件事做起来不难吧?为什么没有做?普京为什么做了?

当然,我们挨打,多是挨父母打,跟别人打自己不一样,俗话说:"打是亲,骂是爱。"既然父母亲爱你,为什么还要打你骂你?肯定有同学听你母亲打过你以后说:"打你比打自己还痛。"你为什么不想想,父母为什么打你骂你?你为什么不让父母只亲你爱你,不打你骂你?

肯定有人读完这篇短文要说,普京的话题只是由"挨打"的小事说起,旨在引申说明对待"冲突"、"斗争"的大事的立场观点,这说明你读透了,颇有感悟。

从"小可以引申到大",为什么就不可以由"大"来审视"小"呢?所以我们绝对不可忽视小事。有的事有正作用力,有的事有反作用力。

强化练笔

《沙再小,不能留在眼里》

《喝开水烫了嘴》

§翅　膀

上帝召开一次会议，了解自从赐给了动物翅膀以后，它们是如何使用的。

鹰说："我用翅膀在天空上飞翔，在这个高度上，一切猎物都逃不过我的眼睛，我因此生活无忧。"

鸵鸟说："我用双脚在沙漠里奔跑，翅膀从来没有用过，它背在身上，成了负担。"

企鹅说："我的翅膀已经变成了鳍，它使我和鱼一样，能在海洋深处自由来往……"

上帝忽然发现会场还坐着一个人，便奇怪地问："你没有翅膀，来这干啥？"

人说："上帝啊，虽然你没有赐予我翅膀，但我的灵魂却可以飞翔，它带着我飞翔到任何脚步不能到达的地方。"

上帝听了以后，感喟良久说："我赐给你们珍贵的翅膀，你们却浪费在身上；我没有赐给人翅膀，他们却有了灵魂的飞翔，这是一切飞翔中最崇高的翅膀！"

红杏《崇高的翅膀》

阅读感悟

这篇短文，如果细细推敲，很值得思考。

上帝赐予动物翅膀，只有鹰堪称真正充分发挥了作用。

鸵鸟的话不能说全错，它的双腿可以和长跑健将媲美，背着一双翅膀，只能影响跑，实在算得上负担。

企鹅似很自豪，它的翅膀成了鳍，它能和鱼一样自由畅游海洋，完全在鳍的功劳。

谁无长处与短处呢？鹰不也只说它的翅膀可以搏击长空吗？它怎么不夸它的腿呢？它的腿也许比不上鸵鸟，但它的腿落在地上，除了跑亚于鸵鸟外，其他的功能毫不逊色，请不要忘了它的脚有爪，鹰爪的功能让许多生命“谈爪色变”。

再说鸵鸟，如果它在练腿的同时又练翅呢？

再说企鹅，如果它善游也善飞呢？

九九归一，又说到人，人无翅，但足行天涯海角，只要有决心。为什么？因为人有灵魂，这里的灵魂不是指迷信中解释的，而是喻指起主导和决定作用的因素。

上帝对人褒奖说：“我没有赐给人翅膀，他们却有了灵魂的飞翔，这是一切飞翔中最崇高的翅膀！”这话非常值得我们深思，如果人藐视鸵鸟、企鹅没有充分发挥翅膀的功能，自己又是如何珍惜这“最崇高的翅膀”的呢？

强化练笔

《有力气不等于会武功》

《艺多不压身》

阅读附文

机　遇

有一个猎人外出打猎，人们劝他装上子弹，他却大为恼火：“打猎的地方还远着哩，装一百发子弹也来得及。”

走着走着，就见一大群野鸭密密麻麻地浮在水上，他匆匆忙忙地装上子弹，野鸭警觉了，眨眼间便飞得无影无踪。

有一个文笔很好的战友，一直抱怨英雄无用武之地，将那么好的文采和才气，消磨在闲聊胡侃的牌桌和棋盘上。转业以后，一家大型公司招聘文秘，熟人介绍他去面试，他才蓦然惊觉，肚里墨水几乎枯竭殆尽，想临时“装弹”也来不及了！一个过去功底不如他的朋友，因笔耕不辍，储备颇丰，得到了那份工作。

社会如筛，物竞天择，你若不“装弹”，自有“装弹人”。机遇不会从天降，更不会赏赐。

只有在勤奋谨慎者的手下，机遇这发子弹才会一触即发，好运才会应声而来。

王绍明《机遇是一发子弹》

大处着眼，小处着手

“下笔千言，离题万里”，“离”在“着手”就错了，“着手”错了，错在“着眼”错了。

题没审清就下笔，就像盲人骑瞎马，审不清题就谈不上立好意，立意高低，全在“着眼”高低，先要放眼大海，胸容波翻浪涌，着手写则要从水滴下手，以一珠折射大海的澎湃壮阔。

这个话题，我就用些具体例子来说明吧。

爱，算得上大话题吧，俄国著名作家屠格涅夫通过一只小麻雀来写它：

一天，猎人打猎回来，狗跑在猎人前面。猎人突然发现路边一只嘴边还带有黄色、头上生着柔毛的小麻雀。

狗慢慢靠近小麻雀。忽然，树上飞下一只黑胸脯的老麻雀，像一颗石子似的落到狗的前边——它全身倒竖着羽毛，惊惶万状，发出绝望、凄惨的叫声，两次扑向露出牙齿、大张着的狗嘴边去。

它是猛扑下来救护幼雀的，它用身体掩护着自己的幼儿，但它整个小小的身体因恐惧而战栗着，它小小的声音也变得粗暴嘶哑了，它在牺牲自己！

在老麻雀的眼里，狗该是多么庞大的怪物啊！但它无法考虑自己的安危，停在高高的树枝上。一种比理智更强的力量使它扑下来了。

狗，站住了，向后退了退。

猎人，感动了，唤住惊惶的狗，走开了。

作者最后感叹道：

我尊敬那只小小的、英勇的鸟儿，我尊敬它那种冲动和力量。

爱，我想，比死和死的恐惧更强大。只有依靠它，依靠这种爱生命才能维持下去、发展下去。

治愈心的创痛，算是大话题吧，屠格涅夫用一起小小的啼哭来写它：

那时候，我非常年轻，自尊心颇强，又十分孤独。

我的生活很艰苦，很不愉快。我什么也没有亲身体验过，就已感到很无聊，意志消沉，经常发脾气。世上一切我都觉得毫无价值，庸俗，我想自杀！我要证明，我要报仇。可我要证明什么呢？报什么仇呢？这一点连我自己也不清楚。

一天，一个荒山野岭中，这里的一切生命似乎都灭绝了，永远地灭绝了，但竟然传来几声婴儿的啼哭声……

我沿声寻去，眼前闪过一点摇曳不定的火光。我看见石头垒的矮屋，推开半掩的门，一条长凳上坐着一位年轻的女人在给孩子喂奶，丈夫就坐在她身边。夫妇俩朝我笑笑，点点头……

婴儿继续啼哭，一个刚刚诞生的生命充满热情的啼哭声，拯救了我，治愈了我内心的创痛……

请同学们想想，为什么这小小的啼哭声能治人心灵的创痛，拯救人的生命呢？

生存的价值，话题大吧。著名作家贾平凹用一块小“丑石”来写它：

一块似牛模样的小丑石，黑黝黝地卧在房屋的拐角里。

想用它垒山墙，苦于它极不规则，没棱角儿，也没平面；凿开吧，怕费力气，河滩近，不如去捡一块；做台阶吧，更不行;开盘石磨吧,石匠摇摇头。百无一用。

所幸的是,石上有个坑凹,下雨可以藏点水,天干了鸡可以上去喝饮!

人们厌它、骂它、鄙视它,丑到不能再丑了。

一天,来了一位天文学家,发现这块丑石,眼光立即拉直了。他再没有走去,就住下来,以后又来了好些人,认定这是一块陨石,从天上落下已经两三百年了,是件了不起的东西。不久便来了车,小心翼翼地将它运走了。

作者最后感叹道:"我感受到丑石的伟大,我甚至怨恨它这么多年竟能默默地忍受着这一切,我又深深地感到它那不屈于误解、寂寞的生存的伟大。"

知识的价值大吧,有人用一根小小的粉笔线将它说透了:

一部硕大的机器坏了,无法找到它到底是何处出了问题,哪个零件出了毛病,因为机器外是用一个更大的钢罩密封住的。

请一位专家来了,他在机器的钢罩外转过来转过去,最后让人搬来一架梯子,他爬上去在一个部位用粉笔画了一条不足二尺长的白线,下梯子后他说:"沿我画的粉笔线截开,那里一根线头断了。打开接上,机器就正常运转了。"

机器正常运转以后,厂长问专家要多少钱工资,专家说:"1万美元。"厂长惊异地说:"你只转了几趟,只上梯子画了一道白线,怎么要这么高的工资呢,你是按什么计算的?"专家说:"我上梯子画那道白线,只收你1美元,我知道在哪里画那道线，收你 9999 美元。”

这就是知识人真正的价值。

人生话题大吧，美国作家富兰克林借蜉蝣这种小虫来写它：

一天，我和朋友游园，玩得非常开心，在回来的路上，突然发现很多蜉蝣的残尸。

蜉蝣是一种极小的昆虫，体细长纤弱，寿命极短，只有几小时到几天，有时一天之内，生生死死几代就过去了。

我信步走进树林，发现这种小虫极多，我是善知虫语的专家，知道小虫在举行辩论，便凑上去偷听。它们的讨论非常热烈，好像蛮有把握能活上一个月。所以个个都非常快乐。

请听一位老蜉蝣说：“我们的哲人学者，在很久以前，以为我们这个宇宙，其寿命不超过 18 个小时。我想这话很有道理，因为自然界的芸芸众生，无不依赖太阳为生，但太阳正自东往西移动，就在我这一生，太阳分明已经落得很低，快要沉到海洋下面去了。太阳一被海洋吞没，大地就一片黑暗，一片寒冷，一切生命也就灭亡了，地球归于毁灭了。地球的寿命只有 18 个小时，我已经活了 7 个小时，说起来真是不少，足有 420 分钟呢！”

无知的小虫是这样认识生存、看待生存的。所以即使是几个小时、几天，它们仍说着、笑着、乐着。人呢？

大，是壮阔的，浑厚的，广博的，深邃的，亮丽的……

小,是存在的,真实的,细微的,隐蔽的,沉默的……

一滴水珠,何以能折射出太阳的光辉?因为太阳是光辉的,水珠也是晶体通透的,石子不行。

一句话,能温暖一片冰凉的心田,并非话是暖的,而是因为情是炽热的。

写作从大处着眼,小处着手,道理便会深奥!

§秘诀

一年盛夏，孔子带着他的学生来到楚国。

当他们走进一片树林子里时，听到一片蝉声。忽然看见一位驼背的老人站在树下，用顶端涂着树脂的竹竿在捕蝉，只见他一粘就是一只，跟拾豆子般那么轻便，学生们都看呆了。

孔子问老人："你捕蝉捕得这么巧妙，有什么秘诀吗？"

老人答道："当然有。蝉这种小精灵，一有风吹草动，立即就会逃掉。要想捕到它，就得练习拿竹竿的手不晃动。

"为了练习手稳，我把弹丸放在竹竿顶端练习了五六个月。等到放两粒弹丸都不掉，捕蝉就有一点把握了；放三粒都不掉，捕十只最多逃走一只；放五粒不掉，那捕蝉就跟拾东西一样容易了。

"另外，我还善于隐蔽自身，我站在树下，就像半截树桩；伸出手臂，就像枯木朽枝。

"天地虽大，万物虽多，我心目中只有蝉。我能心身安定专一，不管周围发生了什么事情，都不能分散我的注意力。能够做到这一点，还怕捕不到蝉吗？"

孔子听后，回头告诫学生："听见没有，只有专心致志，才能出神入化，这就是驼背老翁说的意思！"

阅读感悟

这个"秘诀"太好:只有专心致志,才能出神入化。

可惜,懂得的人多,做到的人少!

《秘诀》中对老人捕蝉写得很细,大家一看就明白,孔子总结得也很到位,言简意赅。捕蝉老人说不出深奥的道理,他是在实践中摸索,出神入化,他只能说自己的感受:我专心捕蝉时,周围发生什么事我都不知道。

可见做事只有专心致志,方能出神入化。

强化练笔

《小析"专心致志"》

《蜂巢燕窝的联想》

琴　训

古代有位琴师叫工之桥。一天,他意外得到一棵质地非常好的桐树,便精心地制成了一把琴,上好弦以后,弹奏起来,发出钟磬般美妙动听的声音。他认为这真是一把天下难找的好琴,于是就把琴拿给一位主管礼乐的官。这位主管礼乐的官,又把琴拿去让一位全国第一流的琴师鉴定,哪知琴师却说,这琴不是古琴,不如古琴,主管礼乐的官将琴还给了工之桥。

工之桥把琴拿回来以后,跟一位手艺很好的漆工商量了一番,请漆工在琴上画了许多断裂的纹痕,又跟会写篆字的高明工匠,在琴上假造上古的题款。最后用一个木匣子把琴装起来,埋在土里。一年以后,工之桥再把琴挖出来抱到集市。一位有钱有势的官人看见以后,竟花了百金买去,而后献给了朝廷。

琴献给朝廷以后,所有乐官都来看,大家都赞不绝口。当年那位鉴定此琴的一流琴师也说:“这真是世上稀有的珍宝啊!”

工之桥听后叹道:“这个世界真是太可悲了,哪只是琴这件事呢?万事没有不是这样的!”

阅读感悟

《琴训》只是不足500字的短文,不可能说尽“天下理”,但有几条“训”,我们应该记取:

一、既要深信世上有很多真才实学的人,也要承认有挂羊头卖狗肉的“冒牌货”。

我很爱看中央电视台的《鉴宝》栏目,那些专家学者都有“火眼金睛”,他们不是信口开河,那些东西不能信口开河,要讲出子丑寅卯,他们的本领是苦学来的,苦究来的,见多识才广。

再看看这位“全国第一流的琴师”吧。有人可能要问,他是怎样成为“一流”的呢,而且是“全国一流”的呢?这个问题我答不出。只要记住不要以衣帽取人,不要以“牌子”分人就行了。

二、学会自己把握自己,自己相信自己。

这里还要提一句,要把握自己,相信自己,必须有个前提,就是必须确定对错,自己都搞不清是非对错的,还是要虚心请教。

琴是工之桥自己做的,精心做的,材料好,弹起音也好,这些他自己知道就行了,别人怎么说,那是别人的事。

其实,工之桥完全可以不必那样太较真,非要把“新琴”假造成“古琴”再去揭人家老底。

三、具体事要具体看待,不能一概而论。

工之桥的最后感叹有问题,不能绝对化,世上与一流琴师评琴相似的事有,甚至不少,但不能说“万事没有不是这样的”。

如果真是万事都这样,那还谈什么学问有深浅,能力有大小,技能有高低呢?那还谈什么求教求学呢?

强化练笔

《三人行,必有我师》

《别轻信,让我想想》

《我可以肯定说:对的!》

§穿 衣 镜

天津南开中学，校门内侧曾经挂着一面很大的穿衣镜，学生进出校门，都会自觉地在镜子前照照，审视一下自己的衣着形象。

那面镜子上有该校创始人张伯苓先生的一段箴言：“面必净，发必理，衣必整，纽必结。头容正，肩容平，胸容宽，背容直。气象：勿傲、勿暴、勿怠。颜色：宜和、宜静、宜庄。”

阅读感悟

爱美之心，人皆有之。所以几乎每个人都喜欢照镜子，尤其是年轻人，这本无可非议。

一个人的长相很难改变，但容颜可以改变，如发梳整齐点、衣穿整洁点，都是可以做到的。照镜子目的在于检查，发现有不对的，立即调整过来。我认为，镜子的作用也仅如此。

有个老师告诉我，他所教的同学大多数口袋都装一面小镜子，一天要照不少次，上课也掏出来低头照一下。这似乎就该研究一下照的目的了。

还有一小部分同学，为了“美化”自己、追求“时尚”，标新立异，刻意改变自己，结果改成别人不认识他，自己也找不到自己的面目了。这就更值得考虑了。

爱美，其实更该注意内在美，也就是大家讲的“心灵美”。心灵美的人，即使外在美差点，别人也会抬高他外在美的值数，反之，心灵不美的，外在再美，在别人眼里也是丑的。

无盐女长得很丑，但没有人说她丑，人们歌颂她，因为她的美像金光从心里射出来般的璀璨夺目；西门庆长得很漂亮，但人们骂他，因为他的坏水从肚子里流出来了，臭不可闻。

内在美有没有镜子可照呢？有！那是别人的高尚风范，是良言箴语的教化。

人，要照两面镜子，有形的和无形的！

强化练笔

《以人为镜》

《一个历史小故事》

《关于美与丑的一次争议》

§三把筛子

一个人匆匆跑到一位哲人面前说："我有个消息告诉你……"

"等等，"哲人打断了他的话问，"你的消息经过了三把筛子吗？"

"三把筛子，哪三把筛子？"那人不解地问。

哲人说："第一把筛子是真实，你的消息真实吗？"

那人说："不知道，我是从街上听来的！"

"第二把筛子是善意，你的消息善意吗？"

那人说："不，刚好相反！"

哲人又说："第三把筛子是重要，你的消息重要吗？"

那人回答说："并不怎么重要！"

哲人说："那就请你不要说了！"

喜珠《三把筛子》

阅读感悟

读文章，要学会懂得"事在言里，意在言外"的道理。

非常可惜，经常有一些青少年朋友把精力花在无聊的小事上去了，耽误了工夫，浪费了时光。

可以说，每个同学都有体会，一个班上，总有那么几个同学好传"小道消息"，把那些"道听途说"的甚至是与自己生活学习毫不相关的鸡毛蒜皮的小事，拿来“津津乐道”，小则浪费了自己和别人的时间，大则充当了传谣生事的祸根。

怎么克服？凡传播消息前，先自己审定一下：是否真实？有无善意？有无意义？自己拿不准，不要开口！读《三把筛子》，要好好想想哲人这三把筛子的劝诫意义。

强化练笔

《祸从口出》

《请别乱说》

《析“言者无罪”》

《一句“谎言”的反思》

§一句话

有这么一则寓言故事：

在茂密的山林里，一位樵夫救了一只小熊，母熊对樵夫感激不尽。

有一天，樵夫在山林里迷了路，遇见了母熊，母熊安排了他的住宿，还以丰盛的美餐招待了樵夫。第二天早上，樵夫对母熊说："你招待得很好，可惜我不喜欢你身上的臭气。"母熊心里很不高兴，但还是很客气地说："作为补偿，你用斧头砍我吧！"樵夫按照要求这样做了。

若干年后，樵夫又遇到了母熊，樵夫问母熊："你身上的伤口好了吗？"母熊说："噢，那次痛了一阵子，伤口愈合后我就忘了。不过你那次说的一句话，我一辈子也忘不掉！"

樵夫一听呆了，说："我说了什么话呀？我实在忘了。"

佚名《一句话一辈子》

阅读感悟

我们经常听老人们说："有句话，都几十年了，我至今还清清楚楚地记得！"

不要小看"一句话"，一句话可以生福，一句话可以招灾，一句话有时可以兴邦，一句话有时可以亡国。有时一句话是甘霖，可以滋润五谷;有时一句话是毒药,可以伤害生命。

只说一句话,也要经过深思,不能信口开河,因为同样一件事,你说得好可以“使人笑”,你说得不好可以“让人跳”。

只说一句话,也要仔细掂量,不能口不由心,因为同样一件事,说得好对别人是一种慰藉,说得不好对别人就是伤害。

许多话都是别人听过如云消雾散,有些话就得另当别论。

凡是能刻在人心上几十年不忘的,只有两种话:一是良药,二是毒箭。

强化练笔

《良药苦口》

《我永远铭记的一句话》

《不能信口开河》

《小议说话的艺术》

§珍惜拥有

一个残疾人来到天堂找上帝，抱怨上帝没有给他健全的身体。上帝什么也没说，给他介绍一位朋友，这个朋友是刚刚死去，不久前才升入天堂的。残疾人明白了：我虽残疾，但还活着。

一个官场失意的老人跑来找上帝，抱怨上帝没有给他高官厚禄。上帝把他介绍给那位残疾人，失意者明白了：我比他健全。

一位年轻人跑去找上帝，抱怨上帝没有重视他，给他一个好前程。上帝把他介绍给了那位失意的老人，年轻人明白了：我虽现在还没被重视，还看不到光辉前程，但我年轻，前面路还很长。

杨信伟《珍惜拥有》

阅读感悟

有一句名言："学问休言我胜于人，胜我者太多；境遇休怨我不如人，不如我者尚众。"又有一句俗话："不比不知道，一比吓一跳。"

世上所谓幸福与不幸，成功与失败，得志与失意，收获与歉收，健康与病痛……都不是绝对的，都要比照看待，不但要纵比横比，还要上比下比，不但要跟别人比，还要跟自己比，前比后比，只要比出一点"我胜于他"时，就是生活的亮点，就能增强勇气，就该理直气壮地活下去！

强化练笔

《珍惜拥有》

《笑傲人生》

《走与爬》

《亮丽就在前面》

§大人与孩子

海潮扑向沙滩，又迅速回归大海，无数小鱼随海潮卷上了沙滩，却赶不上与海潮一起回归大海。一个个躺在沙滩上，很可能不久就会干涸而死。

太阳升起来了，海滩上游玩的人越来越多，有大人，有孩子。

有些人对小鱼视而不见，有些人甚至一脚脚地踏着小鱼前行，有些人也感叹、怜悯小鱼的不幸，但爱莫能助。

这时，有人发现，一个四五岁的孩子，正在弯腰把小鱼一条条地捉起投入海里。一个大人惊诧地问："孩子，这么多小鱼，你捉得尽吗？"孩子没有答话，还是弯腰在一条条地捉，一条条地投入到海里。

大人走了，忽然听到这孩子在边捉边说："这条需要，这条需要，这条也需要……"

阅读感悟

这个小故事，我在一本书上看过，也听人多次说过，深信知道它的人很多，大家也一定都有自己的感悟。

爱心的有无，是不分大人孩子的，这则故事更不是在指责大人。

我们不能把一切缺少爱心的人都斥为坏心、坏人，因为付出爱和不愿付出爱,都是由各种不同因素决定的,不是有"爱莫能助"这句话吗?就是说,有些人想付出爱,但限于自身条件所限。自然也不排除"忽略"二字,我不付出还有他,他比我能力大。

付出不要讲能力,那个孩子有多大能力呢?他能把一海滩小鱼都投到海里去?他只知道"这条需要,这条也需要",救一条是一条。再设想一下,如果全海滩的游人都跟孩子一样呢?即使还不能把所有的小鱼全救到海里去,但挽救的生命就多得多了。

经常听人说:"一粥之恩,当以涌泉相报。"一碗粥的施舍也算恩吗?算!因为施舍者也许只有一碗粥,他自已也吃粥,甚至是他自已该吃而省下来付出的。

强化练笔

《我的一首爱心诗》

《把压岁钱捐给灾区孩子》

《他快乐,我更高兴》

是　　非

一只小鸟飞到南方去过冬，中途突然遇到了寒流，又冷又饿，筋疲力尽，无奈落到村外一条大道上歇歇再说。

一条老牛经过这里，拉了一堆牛粪在小鸟身上。冻僵的小鸟在牛粪里慢慢地缓过神来，觉得身上越来越暖和，越来越舒服，情不自禁地开始唱起歌来。

一只路过的野猫听到小鸟的歌唱，便走过来看看究竟，发现小鸟埋在牛粪里，只有头露在外边，野猫伸出爪子就把它拽了出来。小鸟出来了高兴地说声“谢谢”以后，抖抖身子，松松筋骨，正想说声“再见”要走飞时，不料野猫却扑了上去，一口把它吃了。

阅读感悟

这则小故事在哪里读到的，已经记不清了，这只是我根据回忆复述的梗概。

记得那篇文后，好像还有三条提示，大意是：在你头上拉屎的不一定是敌人；救你的人未必就是朋友；还有一条是如果你真的掉到屎里，请把头伸出来。

其实有这三条提示，阅读感悟也就差不多了，到位了。

我们家乡有句俗话：“哪有这样欺侮人的，在人头上拉屎的。”从这个角度看，老牛是太欺侮小鸟，但如果没有老牛在小鸟身上拉这一堆热屎，小鸟肯定冻死了；小鸟虽然暖和过来了，放声高唱，但那一大堆牛屎压在身，想自己挣脱出来，恐怕亦非易事，野猫把它救出来，从这个角度看，野猫该是小鸟的恩人，可结果小鸟却被野猫吃了。

怎样正确看待这些呢？提示中说得很清楚。

把它移到我们生活中去想想看，能否有更深的感悟？

强化练笔

1. 人活在世上，必须学会观察、审度、分析事物，不能只看表象。请自己命题，写一篇有关表象与实质正好相反的小故事。

2. 从认识反思的角度，写一则感受，谈对一件小事的提高认识，尽量用事实说话，可以适当说理。

§道　理

有个农家的屋檐下，挂着一个有提桶大的葫芦种。微风吹来，两边摇晃，葫芦十分得意。村里人只要进了这家院门，总要先看一眼这只葫芦，赞不绝口，葫芦听了更加心花怒放，喜不自禁。

一天，主人家的秤杆子断了，主人怕把小秤砣弄丢了，便也挂到屋檐下钉子上，紧靠葫芦。葫芦见了秤砣，藐视地问道："你是什么东西？"秤砣答："我是秤砣。"葫芦听了冷笑道："我知道你是秤砣，我是说你算什么东西，你这么一小丁丁儿，配跟我站到一起吗，你不自惭形秽？"秤砣没有理它。葫芦仍在微风中左右摆动，自鸣自得如绅士在闲庭信步。

一天夜里，突然风狂雨骤，葫芦被吹得上翻下碰，在墙上撞得遍体鳞伤，最后终于掉了下来，滚到臭水沟里，沤了一夜。直到主人发现，才把它洗干净又挂到屋檐下。

葫芦劫后余生，惊心甫定，侧目看看秤砣，依旧在那里纹丝不动，大惑不解，问道："小兄弟，这么大风雨也没刮下你，你有什么奥妙吗？"秤砣答曰："没有。我虽小，但表里如一，有实在，有分量，你虽形体庞然，但腹中空空。"

阅读感悟

世上什么最难？了解自己最难。又有一说，叫做人间难得一知己。这就是说,只有自己才最了解自己,想找个完全知道你的人极难。这两点看似矛盾,实际上是统一的。问题在何谓"了解",何谓"难了解",这样说大家有点难理解,举个例子吧。

有人很谦虚,有人很傲气;有人很内向,有人很外向;有人很慈祥,有人很恶毒;有人很宽容,有人很狭隘……不胜枚举。谦虚的人不了解自己谦虚?骄傲的人不了解自己骄傲?非常了解。生活中不难发现一个喜欢吹牛的人,他一张口就吹牛,他只知道吹,把自己吹膨胀了。但他"不了解"自己这一吹,给自己带来的后患和影响。葫芦何以那样藐视小秤砣?它"了解自己"有骄傲的资本,看似庞大;可它"不了解自己"只是徒有空壳,腹内空空。

人,必须了解自己,实事求是地评价自己。既不能夸大优点、缺点,也不能缩小优点、缺点。

强化练笔

写两篇夹叙夹议的短文:

《解剖自己》

《学会尊重别人》

这两篇作文放在一起做,旨在培养青少年朋友们的"两点论",防止看问题走极端化。"解剖自己"不是一刀下去,什么都动动"手术","尊重别人"也不是对别人全盘肯定,盲目"尊重"。

"解剖自己"与"尊重别人"是有联系的,只有揭示其正确的内涵,才有价值。无论对自己对别人,都要分清是非,划清界限,才能启迪自己、昭示他人!

§水盆与大海

师傅打发他的一个年轻弟子到集上去买东西，弟子回来满脸不高兴。

师傅问："发生了什么事，你这么生气?"

"我在集市里走的时候，那些人都看着我，还嘲笑我。"弟子撅着嘴说。

"他们笑你什么?"

"人家笑我个子太矮，可他们哪里知道，我虽长得不高，但我的心胸很大呀!"弟子生气地说。

师傅听完弟子的话，什么也没有说，只是拿起一只脸盆，带弟子来到附近的大海。

师傅让弟子把脸盆盛了满满一盆水来，师傅往盆里丢了一颗小石头，这时脸盆里的水溅了出来。接着，他又把一块大一点的石头扔到前面海里，大海没有任何反应。

"你不是说你心胸很大吗? 可是为什么人家只说你两句话，你就生这么大的气呢? 就像盆里丢了一颗小石子，水就溅出来了，而海呢，再大的石头丢进去，海水也不会溅出。"

(德)塔尼娅·科奈特《水盆与大海》

阅读感悟

事太小了。小徒弟上街,就因为别人都笑他个子矮,气坏了,偏偏又还自诩为“胸怀很大”。

师傅很善教,用水盆与大海一比,道理便讲清了。

胸怀大的人说自己胸怀不宽,那是谦虚;胸怀小的人说自己胸怀大,如果只是骄傲,对别人的危害并不大。最怕是连自己胸怀大小都搞不清。

胸怀小并不可怕,可以慢慢地变大。科学家告诉我们,高山、大海都不是一天形成的,世界上许多山还在长。相反的,胸怀也能变得越来越小,如不想办法,最后变得连自己也容不下自己了。

我家老屋门前有口小塘,虽然小,但很深。儿时我常在里面学游泳。离家几年后我回去,见它更小了。前年回去,见它只剩不足一间普通房子大的面积了,便问叔伯:“谁把它填起来的?”叔伯说:“谁也没有填它,自己填的。四周塘坝上泥土,下一回雨冲下一些,下一回雨冲下去一些,慢慢不就自己填起来了吗?”

人的心胸狭窄,对成人成才、为事立业,都有极大的害处。容不得朋友,就同样得不到帮助;听不进不同意见,就无法集思广益;孤芳自赏,就必然孤陋寡闻;自以为是,就经不起任何磨难……

小塘其实不是自己填起来的,是四周塘坝上的土慢慢地把它填起来的。人的胸怀也像一口塘,必须经常清除里面和周围的杂物,否则只能像小塘一样,终有被堵死的一天。

强化练笔

《扫地的联想》

《草原与菜园的对话》

阅读附文

扫　地

一个老和尚早就死了，可他的故事却永远传颂在小城。

他的故事无故事，就是扫地，黎明即起，开始扫地。从寺内扫到寺外，从大街扫出城门，日日如此，月月如此，年年如此。

据说，军阀孙传芳部队里有一位将军在小城驻扎，有一天，忽然决意要放下屠刀，恳求老和尚收为佛门弟子。将军丢下兵丁，拿着扫帚，跟着老和尚扫地。老和尚向他唱了一首歌：

扫地扫地扫心地，
心地不扫空扫地。
人人都把心地扫，
世上无处不净地。

亿明珠《扫地歌》

秃头论

哲学里有个“秃头论证”的理论。

少一根头发能否造成秃头？回答:不能。

再少一根能否造成秃头？回答:不能。

这个理论一提出，就遭到普遍否定。但如果沿着前面两个问题，一直重复问下去，最后的结论性回答都是:“成了秃头。”

成为秃头的界限是一万根、一千根、一百根，不知道。但头上只剩下几十根、几根，定是秃头。

道理不深奥，但易被忽略，易被轻视。

一堵高墙，轰然倒塌，人们说墙倒了;其实泥坯每天都在脱落，人们不可能说墙在倒。

一条大堤，轰然崩溃，人们说堤倒了;但平时堤内有几个蚁穴，在日日扩大，人们不可能说堤要塌。

一片大森林，一天被砍伐尽了，人们说森林光了;但平时每天砍一棵呢？人们司空见惯，不说什么……

阅读感悟

儿子拿回来一只鸡蛋，说是拾的，母亲很高兴。

儿子抱回来一只鸡，说是拾的，母亲很高兴。

儿子牵回来一头牛，说是走失的，母亲更高兴。

其实都是偷的，母亲也知道。

儿子犯了大罪，上了刑场，就要杀头了。母亲去见儿子最后一面，哭得很伤心。儿子不哭泣，他说："妈，你让我再喝一口你的奶。"母亲很为难，这么大还喝什么奶呢，在这么多人面前露出奶来难看不说，再说也没乳汁呀。但儿子就要死了，这是他人生最后一个请求，就满足他吧。

儿子张大了嘴，一口把母亲的奶头咬下来了，张着满口血红的嘴说："妈妈，你怎么只知用乳把我喂大，却不知道教育我呢?!"

这只是一个故事，告诉我们：小错不改，慢慢就酿成大祸。

把责任全推给母亲不对，但母亲的责任不能推脱。

强化练笔

《蚁穴可溃大堤》

《一滴，一滴，又一滴……》

阅读附文

两个实验

一只玻璃器皿里放进水，水的温度很低，再放进一只青蛙。青蛙对水的温度不太适应，它在水中不动。下面加温，青蛙慢慢适应了，开始游动，越游越活跃，大约是越来越有舒服感。水温继续升高，青蛙游动又慢了，温度再升高，又不适应了，想动，想挣扎，已经没有力气，青蛙死了。

捞出死青蛙，再放进一只活青蛙，青蛙马上从器皿里蹦跳出来，诚然皮肤受到一点灼伤，但与生命无碍。青蛙逃生了。

把几只蜜蜂，放进一个平放的瓶中，瓶底向光。蜜蜂向着光亮不断碰壁，最后停在光亮的一面，奄奄一息，终于连动也不动了。

取出蜜蜂，放进几只苍蝇。马上就会发现，苍蝇在瓶里乱飞乱撞，向上，向下，向光，背光，四处寻找出路，一面不通，立即改向另一面，虽到处碰壁，但不到几分钟，全从瓶口逃出去了。

横冲直撞，有时比坐以待毙好！

移 山 法

《古兰经》中有一则经典故事，非常值得一思。

一位大师，几十年修炼，终于炼成了移山法，他当众表演移走大山，让人看得瞠目结舌，太神奇了，这样的大山他是怎么“移动”的呢？人从山的这边移到了山那边！

谜底揭开了：不是山过来了，而是大师过来了。一句格言就此产生：山不过来，我就过去。

生活中会遇到很多座“大山”，挡住了前边的路，有些自己就可以搬开，移走，有些可以请朋友帮忙移走，有些可以借其他办法搬走，只要能有办法移走的，就能移开。

有些暂时无法移动的，可以暂时放下，因为人生不会只有一条路，可以另谋一条路。

有些是估计永远无力搬走的，又别无选择，非得从这里通过不可，怎么办？山不过来，我就过去，绕着山转过去。

阅读感悟

一座真正的山，如果一定要把它移掉，在今天来说，已不是什么不可思议的难事了，“移山填海”已经屡见不鲜。

“愚公移山”，现在已经没有那样的“愚人”，不会干那种“傻事”，它和“精卫填海”一样，只是宣扬一种精神、一种信念和追求。

《古兰经》中的这个故事,也不是真正的“移山”,而是从另一个角度,告诉我们生活中也许有“山”,要想“移掉”,有多种办法,首先要有移掉的决心和勇气,至于办法,慢慢找,不能急,实在移不掉的,可以绕过去,别被一条路堵死了。

学过这则故事后,我让同学们写写自己的感悟,大家写得都不错。记得有个学生写了一个故事,很能给人启示,他写的大意我还记得:

有个孩子很傻,但没有“傻透”,下雨还知往家跑。偏偏父母又望子成龙心切,这样的孩子想成龙,实在困难不小,母亲特别急,经常暗暗流泪,加上心情郁闷,慢慢地,不但视力不行了,人也有点“傻乎乎”的了。

父亲很开朗,又善于教化,相信没有移不走的“山”。他无意中发现儿子会数数,很高兴,看到了亮光,可是儿子数数很怪,只能数到二十,再多的,他又往回数,再少的,他也能数出二十,重复数。

一天,父亲给了他八根筷子,他数完了,又重数。父亲说:“这根你已数过了,不能再数了。”儿子说:“这不是筷子吗,怎么不能数呢?”又数到二十。

就这样反复多少次,不见儿子开化,父亲虽也有点急,但仍坚持信念。一天,家里吃元宵,母亲给儿子碗里盛了四个,给父亲盛了六个,儿子拿起筷子就吃,父亲说:“别吃,你数数你碗里几个元宵。”儿子一数二十个。又让他数自己碗里,是二十。

父亲说:“你现在开始吃,吃一个数一个。”四个元宵吃完了,他数到四,不数了。父亲说:“现在我吃一个你数一个。”父亲吃完了,儿子数到六,也不数了。父亲说:“你再数呀!”儿子说:“没有了。”从此，他慢慢开化了。

父亲就是这样慢慢地帮儿子移走了那座“山”，几年以后，儿子不但不傻了，而且越来越聪明了。

从这个故事中，我们又能感悟出什么呢？

强化练笔

《永远别放弃信念》

《精诚所至，金石为开》

§老鹰与蜗牛

据说,世界上只有两种动物登过金字塔的塔顶:一是鹰,一是蜗牛。

鹰是凭矫健有力的双翅飞上去的,蜗牛则是凭自己的耐性和毅力一步步爬上去的。

鹰为什么有矫健的双翅?是练来的。鹰的练翅方法几乎到了残忍的地步,它的练习是从一出生就开始的。据说鹰每次产卵都是两个,老鹰把它们孵化成小鹰后,就把它们放到一边不管,不给食物让它们争斗,让其中一个吃掉另一个。虽然残酷,但鹰族进化很快。

蜗牛晚上活动,白天休息。休息就是养精蓄锐,它将身体全部缩到壳内,减少水分散失,维持生命活力。传说有个好心的人看到蜗牛背着那么沉重的壳太苦太累,便帮它把壳剥了,让它轻装上阵,结果蜗牛很快死了。

人,往往羡慕鹰的健翅,鄙视蜗牛,更看不到蜗牛的执著精神。

林夕《老鹰和蜗牛》

阅读感悟

不知大家是否留意,文学作品中,尤其是寓言故事中,写鹰的非常多，写蜗牛的却很少。

为什么？因为人们都羡慕鹰有健翅，可以搏击云天，拿来比人，好抒凌云壮志，大展宏图。人们看不起蜗牛，在人们眼中，蜗牛是世上最小的弱者，整天缩在壳里，多爬行在暗角中，微不足道。如果把某人说成鹰，他肯定高兴，把他说成蜗牛，他肯定生气。连走得慢的人，都被人讥笑为蜗牛。

如果不是科学家发现，谁会相信能登上金字塔的动物，除了鹰，就只有蜗牛呢？

绝不否认，世上有大小之分、强弱之分、美丑之分，但大家必须懂得“形”绝不等于“神”，“表象”绝不等于“内在”。

世上任何一种生物，都有自己的生存本能，不了解，不能藐视，更不能鄙视。

作文要想写出“特色”，就要在生活中发现“特色”，生活中有很多“特色”被大家赞颂，你写他也写，为什么？因为都看出来了。为什么有些“特色”没有人写？你没看到，甚至根本就不打算或不想去看、去发现。

这则短文告诉我们：世上有许多看似微不足道的弱小者，其实他们身上往往具有一种可贵的东西。

强化练笔

《无意中发现的》

《原来如此》

《一种小奥妙》

《得益于一个启示》

§回　忆

回忆是倒后镜里的公路。

坐在驾驶室里，全神贯注地看着前方，不时瞥一下倒后镜，从倒后镜里，可以看到我们走过的路。坐在人生的驾驶室里，全神贯注地望着未来，不时瞥一下过去，从过去中，可以看到我们走过的人生。

倒后镜是重要的，没有它的驾驶过程让人心慌；过去也是重要的，没有它的人生让人空洞。

但是，如果只看倒后镜，不看前方，更让人心慌。来自前面的冲撞，比后面的冲撞要猛烈得多，也常见得多。如果只看过去，不看未来，更让人空洞。未来的障碍比过去的障碍更真实，更值得提防。只看倒后镜驾驶，铁定会出车祸；只看过去生活，一定会把人逼疯。

回忆是倒后镜里的公路，真真实实，却在一步一步离我们远去，前面的路还长，人生还有希望。

星有灵犀《回忆》

阅读感悟

一提起"回忆"二字，人们总是习惯把它与老年人联系到一起。这也不错，老年人多好回忆过去，青年人则好常思未来。回忆就是回想，想想去过的路对踏上未来的路有好处。

我以为青年人也该适当“回忆”。回忆不分年龄，今天想昨天的事是回忆，明天想今天的事也是回忆。回忆，正确的解释是回想“过去时”里发生的事。一件事做错了，一句话说错，你该不该回想，警示自己再别做错说错了？一件事成功了，一件事失败了，你该不该想想成功的经验、失败的教训？昨天考试结束了，他该不该想想总结一下？前天曾经在一个水坑边失足掉下去了，昨天你又掉下去了，今天你该不该想一想，再不能掉下去了？

《回忆》这篇短文把“回忆”说成是倒后镜里的公路，这个比喻十分形象、准确。人生确实很像坐在驾驶室里，往往只看前边，不看后边。

昨天的事有哪些是对的，今天要继续做；昨天的事有哪些错的，今天有没有改？放过昨天一个错的，今天再来一个错的，明天又出现一个错的，那你就错大了！

强化练笔

《昨天告诉今天》

《一步一个脚印》

§清点生活

非洲草原上,有一种不起眼的小动物叫吸血蝙蝠。

这种小动物极像中国的蚂蟥,它常常吸附在野马的马蹄上,用锋利的牙咬破马皮,尖尖的嘴伸进去吸马的血,无论野马怎样狂跃奔跑,它都掉不下来。而马呢,则往往只顾奔跑,对这种微不足道的小痛、失血,根本没有感觉。

动物学家一致认为,这种吸血与失血,是“小儿科”,根本不足以让野马致死,野马的死,是由于过分狂奔和暴怒造成的。

细想一下,这与我们现实生活中的很多事有着惊人的相似。将人击垮的,有时并非是那些看似灭顶之灾的挑战,而是那些微不足道、鸡毛蒜皮的小事。

有些人把大部分时间和精力都花在那些无止无休的小事之中,最终一事无成。

生活要求人们不断清点,看看忙忙碌碌中,哪些是重要的、必要的,哪些是不重要的、无须劳神的,时时警觉腿上有没有依附着“吸血蝙蝠”,在慢慢地把我们的血吸干。

杨杨《清点生活》

阅读感悟

世上有很多事,看起来小,但危害却很大,大家几乎都懂得,可引起重视的不多。

蚂蚁很小，但它可以使大堤溃塌。

有毒的病菌，比蚂蚁还小，肉眼看不见，但它可以使人丧命。

如果说这是毒药，让你吃，你肯定不吃！

如果说某种食品对人体有害，你又偏偏喜欢吃，没有发出“害”，可能你就要继续吃下去。

如果有件事一做就要杀头，你不会去做（不怕死的以身试法例外）！

如果有件事做了离杀头还远，但为小利益所驱使，你可能会做，做多了，尝到“甜”头，你就忘了离杀头近了。

“聚沙成塔，积水成渊”，用在这里就是警告！

要学会清点生活、清点自己，看看自己身上有无小缺点、小过失，只要是妨碍成人、成才的，妨碍别人的，即使是鸡毛蒜皮的，都要下狠心彻底清除掉。

强化练笔

《小洞不补，大洞补难》

《忽略的，往往在悄悄中长大》

§宽　容

1994 年 9 月的一天,在意大利境内的一条高速公路上,一对美国夫妇带着 7 岁的儿子尼古拉斯·格林正驾车向一个旅游胜地进发。突然一辆菲西特轿车超过他们,车窗内伸出几支枪管,一阵射击后,他们的儿子中弹身亡。

这对夫妇本该痛恨这个国家,因为在这块土地上他们的爱子被枪杀了!可是,悲伤过后,他们做出了一个令人震惊的决定:把儿子健全的器官献给意大利人!在意大利,即使正常死亡的本国公民,自愿捐献器官也是罕见的。

于是,一个 15 岁的少年接受了尼古拉斯的心脏;一个 19 岁的少女得到他的肝;一个 20 岁的妇女换上了他的胃;另外两个孩子分别得到他的两颗肾。5 个意大利人在这份生命的孽障中得救了!

这件轰动一时的事足以令意大利人汗颜。

1994 年 10 月 4 日,意大利总统斯卡尔法罗,将一枚金奖章授予这对美国夫妇,为他们容纳百川的胸怀,以及悲天悯人的情操,还有以德报怨的人生境界而感到骄傲。

包利民《宽容的世界》

阅读感悟

“海纳百川”，是因为海太大，有容量。

“宰相肚里能撑船”，是夸张肚里怎么能撑船呢，还是形容宰相的胸怀宽阔，气量大？这也是大度、宽容。

有副对联写大肚罗汉，是指笑佛的肚子大，叫做“大肚能容，容天容地，容天下难容之事”。

很明显，只有海能容纳百川是实指，宰相肚里的“船”，大佛肚里的“天、地”都不是实指，这个道理就不多说。

中国教人要学大度，宽容的文字太多，仅良训箴语就不胜枚举。

说不难，做起来很难！

何谓宽容？就是原谅、饶恕的意思。由此可见，凡属该原谅、饶恕的事，必有难原谅、难饶恕的理由，能做到原谅、饶恕，即是对其不予计较追究。

能否原谅，饶恕别人的过错，是很能体验一个人的胸襟气度的。

心胸狭窄的人，非但不能原谅、饶恕别人的过错，甚至会将别人的过错是一说二，放大歪曲，这是另一回事，但又与宽容相关。

宽容，是一种高尚的美德。

宽容，应该受到赞美！

强化练笔

《海纳百川》

《得理不饶人》

《宽容赞》

《遥望星空……》

§大处着眼

喇叭，唢呐，曲儿小腔儿大。官船来往乱如麻，全仗你抬声价。军听了军愁，民听了民怕。哪里去辨什么真与假？眼见吹翻了这家，吹伤了那家，只吹得水尽鹅飞罢！

这是一首散曲，作者叫王磐，明朝高邮人，是著名的散曲作家。他生性孤傲、鄙弃荣利，好寄情于山水。

他为什么要写这首小曲呢？据《尧山外记》说，明朝正德年间，宦官当权，每天河里的船上不是满载民粮，就是强拉民丁，而且吹号壮大声势，王磐这首小曲就是刻画、讽刺那个丑恶社会的一篇匕首似的檄文。

阅读感悟

如何把一个大主题的素材，借用一件小器物写出来？这就是老师教同学们的“写作要从大处着眼，小处着手”，空讲道理不行，来看看王磐是怎么写的：

“喇叭，唢呐，曲儿小腔儿大。”

直写事物。小指曲，大指腔，语义双关，似写喇叭、唢呐，实写皇家喂养的那班小奴才、小走狗、小爬虫，依其主子权势，大喊，大叫，大打出手的狰狞面目，狗仗人势的架势。

“官船来往乱如麻，全仗你抬身价。”

河里船来船往本是常事，但这是“官船”。“乱如麻”三字好，“乱”状其势，“麻”状其多，这就状出了杂乱的世态，状出了抢夺的场面。“全仗你”三字更好，一是全仗你摇旗呐喊，抬高身价；二是再次回应“曲小腔大”。

“军听了军愁，民听了民怕。哪里去辨什么真与假？”

这三句是紧承上句而来的，“愁”什么？“愁”因“听”而生，这声音把人心吹冷了，吹寒了，吹得全身打战、筋骨松软。“怕”什么呢？“怕”因“乱”起，这么多的官船抢到何日，抢到何时？都是“官船”吗？有多少是抢进国库里的，有多少是填入私囊的？

“眼见吹翻了这家，吹翻了那家，只吹得水尽鹅飞罢！”

结尾几句，更值得学写作的人学习。就状物写事而言，它刻画出曲尽人散的空空场面；就抒情达意而言，它留下了令人咀嚼回味的无限空间。

劝同学们学习写作，不是劝同学们都去当王磐，当作家。人的精力是有限的，不可能样样会，木匠不一定要会铁匠活，杀狗的不一定要会做豆腐。会一技，掌握那技所需的工具技术就可以了，但语言文字这个工具是每个人都必须要掌握的。因为人要交际，人要生存，怎么能离得开语言文字呢？为什么有的同学说“我将来学医农”，有的说“我将来学数理，我的文字马虎点可以吧”？我说马虎一点也许可以，马虎多了就难了。说点现实的吧，毕业了你要求职吧，求职要应聘，应聘要你讲、要你叙、要你写，差多了，你试试看？

§小处着手

大楦头小楦头挤退四方穷鬼，
长麻绳短麻绳引来万路财神。

据说这副对联是乾隆下江南时，遇到一位穷困潦倒、贫病交加的修鞋老人时，为他的小鞋铺写的一副楹联。殊不知楹联一经贴出，立即轰动周边三县八镇，求修鞋补鞋上鞋者蜂拥而至，甚至有人把明明是好鞋弄坏求修。小鞋铺顿时由门庭冷落而变为门庭若市，这就是所谓“文字效应”，时下也称作是“名人效应”。

阅读感悟

世上再大的文豪，再高的手笔都只能写透芝麻，而写不尽天下。

这副小联告诉我们，落笔处即是选材处。一个修鞋的小铺有何材可选？无非就是针锥绳线、楦头锤头。作者只选了楦头、麻绳。现在年轻人很少见过楦头，更不知此物何用。楦头是一种楦鞋用的木制模具，形似人脚的前半截，但不分五趾。新鞋上好以后，大鞋用大楦头，小鞋用小楦头，塞进鞋的前半截，后边加木楔子顶紧，木楦越往前挤，鞋就撑的越饱满，不见一丝凹凸折皱。麻绳就是麻线，上鞋用的。作者为何单单选中这两种东西为我用呢？不过是借它来达意，帮可怜的补鞋老人挤退穷鬼，引来财神，楦头正好会挤，麻绳正好能拉。

一个修鞋补鞋的老者，一门近似乞讨糊口的小手艺，就是夜以继日，永不停息，又哪里谈得上“引进万路财神”啊！但大楦头小楦头都在挤，长绳短绳都在引，就说明有活可做，有钱可进，离穷鬼远点，靠财神近点，足矣！

我还见到此联另一写法：

锥锥锥，锥出四方穷鬼，

拉拉拉，拉进八路财神。

此联堪谓妙绝，不现鞋匠工具，一锥一拉，活脱脱画出鞋匠神态动作，连用八个动词，反复强调突出一锥一拉，锥出穷鬼，拉进财神。

教师教学生作文，常说要“大处着眼，小处着手”。何谓大处着眼？就是主旨立意要高。写文章要有目的，有人说真正能称为文章者，“不能补察时政，就要世道人情”，这个标准要求学生，太高了。但作文，必须要有主旨立意，这就是“处”，你眼睛必须看到这个“大处”，否则，你就只有乱写。

文前这副小联的写作就先看了“大处”：要帮老人有生意做，有饭吃。怎样才能有饭吃呢？楦、挤、锥、拉。一个做鞋的、补鞋的，除了楦头、锥针、麻绳，还有什么呢？从这些工具上去写，这就叫“小处着手”。同学们写作文，大多都能“大处着眼”，却不重视“小处着手”，为什么？总怀疑写这点“小事”能反映那么“大主题”？举例说吧，赞美乡下孩子淳朴天真厚道，这是“大处”吧，鲁迅先生怎么写的？不就写了大家去看社戏吗？这事能有多大？

赞美劳动人民伟大,这更是“大处”吧,鲁迅先生怎么写的?不就写了一个车夫的车把带倒了一位老奶奶这么一件小事吗,目的不也是达到了吗?

写作文切记:大处着眼,小处着手。

我之为我，自有我在

掌握了审题、立意要旨以后，有些学生很自信自己的布局谋篇、遣词造句的功底，便洋洋洒洒地写起来，这又往往会走入另一误区，弄不好写出来是老生常谈，千人一面，这个症结出在忽略了要写出“我”，无论是写人、写事、议论、抒情，都要时时记住，只有我这样写，别人写这些不会像我这样写，因为我写的是我见我闻，我感我悟。

前一篇想说明什么，可能有些同学读过仍有点不怎么清楚。这是我有意糊了一层“窗户纸”，想引发大家思考，以便进一步讨论。

现在，我把“窗户纸”揭掉。老先生说的“似我者死”就是说写文章要“我之为我，自有我在”，不能人云亦云，千篇一律，千人一面。文章都是写自己的所见所闻、所想所感，说自己想说的事，抒自己想抒的情，怎么能“似谁”呢？

石涛说，别人的脸面、眉毛、胡须长得再漂亮，也是别人的，无法长到我脸上来；别人的胸怀再宽广，也无法移植到我身上来。所以我必须有自己的面目、心胸、思维、情感。如果我被误认为似某人，那我就可以理直气壮地说，那人“似我”，其实我们只是“似”，他是他，我是我。大家现在该明白了吧，写作文就得你写你的，我写我的，不能雷同。

有两位老师问我对“创新作文”的看法，我说我对这些新玩意儿研究极少，什么是新概念作文、想象作文、创新作文，也许有其较深的理论概念，不懂就不可乱说。“创新”二字，就词义而言，我还是能理解的，我以为提“创新”，起码可以杜绝雷同。不雷同、有新意，就是你自己的东西，这就是“新”。先来看个小例子，有个学生写《我的家庭》，她是这样写的：

我家共有三口人，妈妈是教师，属虎；爸爸是医生，属狗；我是学生，属兔子。

妈妈是位好妈妈，不但书教得好，有口皆碑，而且爱生如子，年年都被评为优秀教师，但爸爸说她是只“母老虎”；爸爸是位好爸爸，医德高尚，技术精湛，病人夸他德才兼备，但妈妈说他是只“癞皮狗”。

我嘛，可不是一只温顺的小白兔。自以为天赋不错，学习不用功，伶牙俐齿，得理不饶人，有点好出风头，时时处处都想出点新招。

在家里，我是爸爸的“死党”，共同对付“母老虎”。我看爸爸很“可怜”，他不就是好喝点酒、抽点烟嘛，不抽烟不喝酒是现代男人吗？妈妈一回来先是急急忙忙地开门开窗，紧接着训词也就出来了：“我真不知你是怎么好意思劝病人的，这烟这酒是补筋呢还是补骨……”说说还不算，酒被拿走了，换来一杯牛奶；烟被丢进垃圾筒，端来一盘苹果香蕉。爸爸坐着傻笑，我的气不打一处来：可怜兮兮的没骨头还笑得出来？同情弱者是种美德，我揭竿而起了：“妈，你太霸气了吧，这不是干涉别人自由吗？”妈早在厨房里忙开了，一边干活，一边回应我：“你也别太自由了，待我闲点，我俩讨论讨论什么叫‘自由’。”我虽然大叫应战，但心里也虚虚的，“母老虎”连“大狗”都敢吃，何况我这小小的“兔”哩！

写到这里，笔锋一转，用具体事例写出一位好妈妈、好爸爸。我通过观察、分析、感悟，也在不断自我解剖，重新认识自己、塑造自我，结论是：我爱我家。

这篇作文的新意在哪里呢？在于我之为我，自有我在。

作文欲“创新”，有以下几点要注意：

一、立意要新

立意就是拿定主意。在写作上就是要有明确的主题思想、中心思想。

“立意”不是“立异”，但好的立意，因其“新”，往往有出其不意的“异”出现，而且“立异鸣高”。

为什么先要强调立意？因为写作文总要有个目的。写文章的目的是什么呢？古人说："上能补察时政，下以谌道人情。"这对青少年朋友写作文来说，要求高了，学生作文只是运用语言文字表情达意，叙事言理，但义不同理同，都要讲目的，大小而已。

再说范仲淹写《岳阳楼记》那等大手笔。写篇楼记，还不易如反掌吗？但他知道在他之前写楼记亭记碑记阁的多如牛毛，上乘名篇不胜枚举，他不能轻易"反掌"，要反掌就要反出新意，立异鸣高，他终于在"看"字上找到立意，在"不以物喜，不以己悲"上找到"思"，"居庙堂之高，则忧其民；处江湖之远，则忧其君"，立意出来了，"先天下之忧而忧，后天下之乐而乐"，这种文章就叫"我之为我，自有我在"。

二、内容要新

有个学生跟我谈心说，我们学生天天就在家里、学校，两点一线，偶尔节假走进"社会"，也就是那么巴掌大的"一面"，我看到的，别人都看到了，别人想到的，我也都想到了，老师要求我们的作文写点新内容，我哪来新的，又不允许假造？

可以肯定地讲，这位同学对作文内容要新这个问题思考过，否则他说不出这番话来。他的感叹在于他没有掌握如何观察的方法，如何发现寻找别人"看不到"的，忽视了的人和事。

大家都知道达·芬奇老师教他画蛋时，达·芬奇不也是有过怨气吗？这蛋还能画出什么名堂来吗，一般人眼中的蛋不就是那个样子，大小不同而已，颜色差异而已，这见解跟那位同学相似吧？但达·芬奇的老师说，一千个鸡蛋，找不到两个绝对相同的。如果这是确凿的，老师又是怎么"看"出来的呢？

如何使你的作文内容新，也要"我之为我"，才可能"自有我在"。

一次写《故乡》，作文收来以后，一片赞歌。忽然读到一篇，开头就是“我憎恶故乡，我诅咒故乡”，我不禁一惊，认真读了下去。原来这个学生3岁丧母，7岁丧父，跟瞎眼的祖母相依为命，不料9岁那年家乡发大水，墙倒屋塌，祖母被活活埋倒在屋里，从此他成了孤儿。他的眼里只有泪，心里只有痛，他唱不出赞歌。我肯定了他的作文，因写真而新，因真而感人。

我让同学们思考讨论，是否凡是真的、新的内容就是有“新意”，就是作文该写的？父母因病早逝与故乡何关？发水是天灾，祖母被倒屋砸死，与故乡又有何关？我把这位同学请上讲台，让他讲讲他成孤儿以后是怎样生活的。

他说祖母死后，村里帮他盖了新屋，他仍继续上学，学校免去了他所有费用，田由村里人帮他种，衣旧了、鞋烂了，有婶婶大娘帮他补帮他做，没有冻着，更没有饿着……说着说着，他突然哭了起来，班上许多同学也哭了。

该怎样写《故乡》呢？该写哪些真的、新的呢？

三、文题要新

经常听人说“看报看题，看书看皮”，这话本是讽刺那些不爱读书看报的人，书报拿到手，仅是翻翻而已。但也不排除，如果一个文题吸引了他，一本书的封面设计新颖引起他的兴趣，他也可能要耐心看下去了，这说明文题很重要。

“文题新”起码有两大好处：

一是有吸引力，拉得住人。例如上街，除了你有目的地买什么之外，那么多的店铺，你总不能每个店都进去看看吧？一个不喜欢玩石头的人，见“石头店”三个字，肯定不会进去，但如果是“天下奇石斋”，就可能进去转一趟。

二是便于行文。俗话说：“题不正，言不顺。”一个好的文题，往往就是文眼,就是写作中心,就是立意的主旨。文题好,就像写文章有了“的”,你的“矢”就可以瞄准它去放,使全文围着它转,火力集中。

有一次,我让同学们写写自己的父母。这种老生常谈的话题,自然多是司空见惯的文题,无非是“父母”前加上溢美之词。一个同学的文题是《爸爸这回真的输惨了》,一下吸引了我,我断定“输”字不会是讲赌博,很有兴致地看下去。原来他父亲是个“大烟鬼”,又患有严重的哮喘病,母亲关心父亲身体,但屡劝无效,便约法三章,凡父亲说错一句话,戒烟一天,做错一件事,戒烟三天,文中写了不少生动的事例,可惜都是“冤假错案”,父亲也只好无奈受罚,哪知上有政策,下在对策,一日也好,三日也好,母亲没有发现父亲抽烟,正在高兴。忽然有一天,母亲到屋后菜园里去摘菜,突然发现墙角一堆烟蒂,秘密揭开了,继而家里父亲的“私藏赃物”被全部收缴,并且彻底截断烟钱源路,父亲这回不真的“输”惨了吗?

所谓“创新”作文,不单是指上述几点要力求新,关键是要落脚在“真”字上,因此,写有新意的作文,就不能“为新而新”,更不是“标新立异”,画蛇添足。大家都是黑发就不新,我来染个黄发、红发、绿发,明明是男孩子,偏要学个女孩子穿戴装饰,那不是“新”,而是不伦不类。

§小 节

一位连长对我说:“我只要观察一个兵入营日和退伍日两件小事,就能知道他的性情,并预测到他未来的发展。入营那天,我注意他扫地的动作,如果他对每个隐蔽不为人知的角落都不放过,必是一个谨慎、细心、有耐心、肯负责的人。相反,如果他遇到沟,就往沟里扫,遇到不显眼的地方就马虎了事,必定是投机取巧,不能脚踏实地的人。直至退伍那天,我观察他早上起床后叠的被子,如果他因即将离营而随便叠两下,必是一个无恒、没有责任感的人。相反的,如果能一如往日,小心地将被子折成豆腐块状,则能显出他对任何事都能做到锲而不舍,坚持到底,未来也就必然会有成就。”

由连长这番话我们知道:

发现一个人的性情不难,只需要注意几件小事,便能晓得。

除去一个人的惰性最难,必须改正每一个细节,才能成功。

刘墉《小节》

阅读感悟

于细微处见精神,这句话是说,用心观察生活的人,非但可以从一些细枝末节的小事上看出现象,还能看出本质。

这位连长就很有观察力,从“入营”和“退伍”时扫地与叠被这两件小事,就能看出一位战士的为人为事,乃到成就前程。事情不大,道理很深。

我以为这篇短文写作主旨,并不在教我们要学会观察一个细节,而是强调:改正一个不好的细节很难。

所谓细节,这里应是泛指细微小事,或者是一种习惯。

有句话叫做"习惯成自然"。习惯又分好坏,好习惯应该让其"自然"下去,甚至可以发扬推广;坏习惯一旦"自然"了,非但害己,甚至害人。

如讲卫生、爱干净的人说:"病从口入!"不爱干净的人说:"不干不净,吃了没病。"所以,"习惯"的养成,从根本上说是个人认识问题。讲卫生的人每个"小节"都注意,不讲卫生的人每个"小节"都不注意,讲卫生的人怕跟不讲卫生的人同桌共餐,更不敢到他们家去赴宴。

世上任何事都由"小节"组成,不注意小节的人,为事的全程每个小节都马虎,所以失败的时候多;注意小节的人,每个小节都慎重,所以成功的时候多。不注意小节的人一旦发现自己失败的原因,想回头再补救,已经没有机会了,即使是想改,因为习惯养成了,也就不容易。

强化练笔

《说习惯》

《别小看细枝末节》

《怕吃苦药,就要强身健体》

《防微杜渐》

§生　活

一个穷汉躺在沙滩上晒太阳。

一个富翁看了说:“你真懒,这么好的天气不知去挣钱。”

穷汉问:“挣钱干什么?”

富翁说:“正因为我是百万富翁,才有钱来这海滩休闲晒太阳。”

穷汉说:“你看我正在干什么?”

富翁不知怎么回答。

在非洲草原上,太阳即将升起,一头狮子对自己说:“我必须奔跑,这样才能追赶上跑得最慢的羚羊,才不至于饿死。”

一头羚羊对自己说:“我必须拼命奔跑,才不会被狮子吃掉。”

阅读感悟

记得一次我在班上读了《生活》这则小故事,请同学们思考,话音一落,一个学生站起来问我:“老师,如果你是富翁,你该怎样回答?”

我说:“谢谢你,这个问题提得非常好！富翁不知怎么回答,你们不知怎么回答,我也不知怎么回答。这个问题真的这么难回答吗？不是。我们现在换位思考一下:如果富翁与穷汉不是在沙滩上晒太阳相会,而是富翁坐在海边一个豪华大酒店的摆满山珍海味的酒桌前,穷汉站在酒店玻璃窗外,富翁问穷汉怎么回答呢?”同学们大笑,答案出来了。

有时一件事,并非一定要找出一个正确的、天衣无缝的答案,而是在寻找答案的过程中,明白事理,收获感悟,启迪人生。

羚羊跑得慢,极易被狮子捕食,所以它拼命地跑,狮子明知羚羊跑不过他,但他还“必须奔跑”,不跑就会被饿死。没有什么大道理。都会回答出来,但真正领会真谛不易。

强化练笔

《居安思危》

《没有耕耘,绝无收获》

《种瓜得瓜,种豆得豆》

蝜　蝂

唐朝大文学家柳宗元写过一篇《蝜蝂传》，寓理于中，有深刻的教育意义，非常值得一读。

蝜蝂是一种十分喜爱背负东西的小虫子。每次走路，只要碰到东西，就立即抓起来，昂着头扛到背上。

背上的东西越来越多，越来越重，弄得疲惫不堪，蝜蝂也不肯停下来歇歇。它的背有“特异功能”，只要背上去，就不会自动滚下来，东西越积越多，但它还是贪心不足地往上加，最后终于压得它扑倒身子在地上爬。

有人看它被压得很可怜，便把它身上的东西取掉一些，可是它只要能爬，还是跟原来一样，见到东西就往背上加。

这种虫子还有一个特点，就是喜欢爬高，就这样攀爬不止，直到最后累得摔到地上死了才算完事。

阅读感悟

愿意负重，是一种值得称颂的高贵品质，为事业有时还要“忍辱负重”，这更是一种可贵的精神。

别人有难，特别是别人不堪重负的时候，把别人的担子，分点到自己肩上；自己有难，别人比你更难，只要你还有余力承受，也该分点担子过来，这样的人，当你背不动的时候，必然有许多手伸过来。

反之,有人一事当先,先考虑自己,唯恐吃了亏,拈轻怕重,置别人于不顾,到你难的时候,别人就会同样不帮你。

《蝜蝂》只是一篇寓理于事的短文,告诫我们别学蝜蝂,不顾一切地背,直到累死为止。

蝜蝂一路爬一路往背上扛东西,没有写它扛的是些什么东西,因为它扛什么,与作者达意无关。

提倡人负重,但必须有个前提,先要看扛什么。扛道义、扛事业、扛友情,累点别怨,苦点别诉!

反之,如果是不该扛的东西,你扛了,而且越扛越觉得少,越扛越觉得不足,最后连人带物都跌下了沟里,你又怨谁呢?!

强化练笔

《小议"义不容辞"》

《放下包袱,清点一下》

别伤害自己

只要我们投入生活，难免会遇到外界的一些伤害，经历多了，自然有些提防。

可是我们往往没有意识到，有一种伤害并不来自外部，而是我们自己造成的：为了一个小小的职称，一份微薄的奖金，甚至为了一些他人的闲言碎语，我们发愁、发怒，认真计较，纠缠其中。一旦久了，我们的心灵被折磨得百孔千疮，对人世、对生活失去了爱心。

假若我们不被那么一点小小功利所左右，我们就会坦然得多，能够平静地对待各种荣辱得失和恩恩怨怨，使我们永久地有对生活美好的认识和执著的追求。这是一种修养，是对自己人格和性情的冶炼，也从而使自己心胸趋向博大，视野变得深远。

不要伤害自己，也意味着要放弃一些微小的、眼前的利益，使我们不被这些东西网罗住，折腾得伤痕累累，也妨碍了自己的步履。这无疑是一种积极意义上的超脱，从而使人拥有平和的心境，从从容容、踏踏实实地走属于自己的路，做自己的事，进而走向成功，获得更多有价值的东西。

林润瀚《别伤害自己》

阅读感悟

这篇小短文的文题很值得思考。诚然第二部分所列的事例，多是讲成人的，但对青少年朋友也有警示。

读后我忽然想起一件事。

我儿子在读高二时，一个星期日突然从书房里跑出来，很兴奋地告诉我："爸爸，我写了两句好诗。"我说："读给我听听。"他念道："有自己影子的人，肯定是头上有光环的人；踩碎自己影子的人，往往不知是自己。"我笑笑说："有些感悟，有点哲理！"

自己伤害自己，很难被人认可，哪个人会自己抽自己耳刮子呢？有，那是自己气自己、恨自己，"觉醒了"。问题在于自己伤害自己时，多是"不觉醒的"，甚至根本没有觉察到的。举个小例子，当你在某场合发表了一种见解和看法后，别人马上说："你在胡扯八道什么，你懂什么？一天到晚就会吹！"你一听肯定受到伤害，这个伤害一般有两种可能造成：一是别人对你恶意中伤，这是"外伤"；还有一种就是你可能平时就好吹，吹惯了，即使你说对了，别人也认为你在吹，这个"外伤"实际上是"内伤"，根在自己身上，你自己先伤害了自己，把伤害自己的把柄送到别人手上了。

世上成好事坏事，都是多方面的因素决定的。要不想自己伤害自己，最重要的一条是正确认识自己，在荣辱得失上，都有自己的评判标准，就不会受到伤害。起码是受伤轻点。

强化练笔

《学会别计较小事》

《对荣辱，要有自己的尺度》

《宽容一时的误解》

§一位司机的座右铭

你不能决定生命的长度，但你可以控制它的宽度；

你不能左右天气，但你可以改变心情；

你不能改变容貌，但你可以展现笑容；

你不能控制他人，但你可以掌握自己；

你不能预知明天，但你可以利用今天；

你不能样样顺利，但你可以事事尽心。

阅读感悟

“座右铭”就是放在座位边上的警示语，“铭”原是专指古代刻在金木石上的字。曾在南朝梁萧统的《昭明文选》中看过：有个人，因他哥哥被仇人杀了，他又把仇人杀了。本也该死罪，但他被赦免了，所以写了警示语，放在座位边，这可能就是中国最早的“座右铭”，可惜我没有看到他的铭中文字。

我很喜欢座右铭，凡是称为真正座右铭的，都是箴言良训，告诫人们、警示人们，都是有积极意义的。

我有一个习惯，凡读到好的语句，都力争背诵记下，所以我的案头上就没有“座右铭”，自己都装在心里，实际上这不是一回事。

例如我这个人好急躁，出门办件事就想速战速决，忘了好事从缓，每每把好事办砸，回来就后悔了。如果案头上有句警示语，出门时看一遍，就像家人一句叮嘱，也许要好一点吧！

座右铭太多，虽都好，但无法都记，也不一定对自己都适用。

人，必须有几条针对自己的切实需要的座右铭，别人写的也好，自己创作的也好，都会大有裨益。

座右铭是为"行"服务的，不是摆饰，所以必须切合你自己。

这位司机的座右铭非常好，好在他句句都在警示自己，警示一个司机，也能警示所有司机。

我们分条细看一下：

司机最怕天气不好，天气不好一是影响视线，二是影响路面，如果一见天不好就犯愁，心情不好，出事故的可能性就大，怎么办？调整心态。

容貌不一定是指长相，作为司机，更让乘客看重的是笑容。

司机在路上开车，路上开车的人很多，有粗心大意的，有横冲直撞的，有违章行驶的，这是事故发生的根本原因，你无法让人人都小心谨慎，但你可以控制自己的方向盘。

……

座右铭的作用，座右铭该怎么写，大家该明白了吧？

强化练笔

1. 针对自己，找几条别人的座右铭贴在案头，时时警示自己。

2. 针对自己写几条座右铭贴在案头，写一篇短文《我的座右铭》，可以夹叙夹议，紧扣自己写。

§像容忍自己一样容忍他人

很奇怪，我们对自己过错的审视，往往不像看待别人的错误那么严重。

德国神学家肯比斯说："我们很少用同样的天平去衡量邻居。"

我想，大概是因为我们对自己的导致过错的背景了解得很清楚，以致对别人的过错不能原谅，对自己的过错就能原谅，也可以宽恕。

轮到评判他人时，就完全不同了。往往把别人批得体无完肤，一点也不留情面。举个例子，假若我们发现别人撒谎，就会残酷地谴责，可是我们谁没有撒过谎呢？也许不止100次！

人性中掺杂着伟大与渺小、美与丑、善与恶、崇高与卑微，我们彼此差不多，也许相似。就我个人来说，我不比别人更好更坏，假若我把日常生活中每一举动以及脑海中每一意念都记录下来，世人一定会惊讶我是堕落败坏的魔鬼了，但我并不是魔鬼，道理很简单。

阅读感悟

看过一幅漫画，画上就是一根鸡毛掸，标题是《鸡毛掸的妙用》，附注两行用法说明：扎鸡毛的这头对自己，光杆子那头对别人。

只要有错，不论是别人的、自己的，都要严肃对待，这是正确的,为什么往往会严人宽己呢?这不是态度方法问题,而是道德品质问题。

记得有个学生,在看了《鸡毛掸的妙用》后写了一篇读后感,有段话:“我认为能拿得起鸡毛掸的人,无论是打别人,还是打自己,都说明他已知错了。为什么那样有‘妙用’?是他怕痛,至于别人的痛,他不会感觉到,因为不是痛在自己身上。”

我读了他这段文字很高兴,因为他已接近问题的边缘了,想往下看,可惜没有了。

这问题就算这样讲清了?

请大家思考几个问题:

1. 别人有错,就要用光杆子打,自己有错该不该也要用光杆子打?

2. 不敢用光杆子打自己是怕痛,没有打,你怎么知道痛?你既没有打就知道痛,为什么还打别人?

3. 如果说用扎鸡毛的这头“打自己也能改错”,你为什么不也用这头打别人?

4. 如果说想改错,只有“用光杆子打”一种方法,别人虽痛,也会感激你;而你自己明知“用扎鸡毛的这头打”不能改错,你自己虽不痛,但你的“错”怎么办?

“妙用”要说的只是态度方法的对错吗?不是,是道德品质的问题!

强化练笔

《天平颂》

《善人,便是善己》

《责人之前……》

§六字箴言

30 年前，一位年轻人要离开故乡，开始创造自己的前程。少小离家，云山沧海，心里有几分恐惧，便去向年老的族长请求点化。

族长正在临帖练字，听他一说，顺手写了三个字送给他："不要怕！"然后抬起头来，望着前来求教的年轻人说："孩子，人生的秘诀只有六个字，今天先告诉你三个，够你前半生受用！"

30 年后，年轻人已到中年，有了一些成就，也添了很多心事，归程日短，近乡情切，又去拜见族长。

他到了族长家，才知老人已于几年前去世了。家人取出一个密封的封套说："这是老父生前留给你的，他说你一定会回来的！"

中年人打开一看，又是三个字："不要悔！"

熊伟《六字箴言》

阅读感悟

读时请注意老族长告诫年轻人的"不要怕"三个字，是针对他少小离家，去闯世界，要见云山沧海，有几分恐惧而说的。

俗话说，前怕狼，后怕虎的人什么事也办不成。这得有个前提。这就是要看你想干什么事。对人对己有利的事，你不要怕狼怕虎,就是不要怕困难与挫折。反之,如果你干的事对人对己都有害,你也不怕,不怕伤天害理,不怕违反道义,不怕法律制裁,那你就只有自食苦果了!

同样,"不要悔"也是得有前提,为社会做奉献,为前程事业流血流汗,即使受到挫折,走了弯路,受了气甚至受蒙冤,也不要悔,擦擦身上的血迹,继续前进。反过来,那事本身就是违法的,不能做的,你不听良言,固执己见,一意孤行,硬要撞南墙,硬要以身试法,最后受到应有的处罚,你还"不悔",那是什么人呢?大家都可以做出回答。

强化练笔

《瞻前顾后与深思慎行》

《人当有悔》

《"前怕狼后怕虎"之我见》

《怕,不等于胆小》

§等待三天

访美的一位中国女作家在纽约街头遇到一位卖花的老太太。这位老太太穿着相当破旧，身体也很虚弱，但脸上却是一副祥和高兴的神情。女作家挑选了一束花说："您看起来很高兴？"

"为什么不呢，一切都这么美好！"

"对烦恼，你倒真能看得开。"女作家又补了一句。

老太太的回答令女作家大吃一惊："耶稣在星期五被钉上十字架，是全世界最糟糕的一天！可是三天后是复活节。所以，当我遇到不幸时，我就耐心地等待三天。三天后，一切就恢复正常了。"

佚名《等待三天》

阅读感悟

读了这篇两百来字的短文，你无法不敬佩这位老太太，其实她什么也没有干，只是平平常常地回答了别人的几句话，充其量算是解答了别人的一点疑问。

但有两点值得我们思考：

一、写文章不在长短。

长短是由内容来决定的，有话则长，无话则短。话也要看什么话，废话连篇，只能是空洞无物，让人看了生厌。

我喜欢读短文，就小说而言，我喜欢读短篇小说，尤其喜欢读微型小说。记得看到过一次外国微型小说大赛，以“人生”为题，要求越短越好，获奖的几篇选登作品，最长的只有两百来字，最短的一篇就一个字：网。文题是“人生”两个字，内容是“网”一个字。诚然对这一篇争议很多，但不能否认作者的苦心为文，这个字不是他信手写来的，虽然它确实不是“小说”，但他定的这个字，与“人生”极其相似，很能反映人生的许多深层次的内涵，留给读者无限思考的空间，让你不能不想，不能不沉思。

二、说理不在话的多少。

人的一生，谁没有烦恼，谁没有经受过烦恼，如何不烦恼？可是写长文甚至洋洋万言也难解决，老太太是怎么回答的？“耐心地等三天”，就五个字，何以说明有效：耶稣钉上十字架，三天后就是复活节！

强化练笔

《当“烦恼”向我走来时》

《豁达一点》

《雨过天晴》

建议：请将你对生活中的一见、一感、一得、一失……用200—300字写下来，力求达到《等待三天》的表达力度和深度。

§试　验

心理学家做过一个试验：将一只饥饿的鳄鱼和一些小鱼放在水族箱的两端，中间用透明的玻璃隔开。

刚开始，鳄鱼毫不犹豫地向小鱼发起进攻，一次、两次、三次、四次……多次进攻无望后，它不再进攻了。

这时试验人将隔板拉开，鳄鱼依然不动，它只是无望地看着那些小鱼从它的眼皮底下游来游去，它放弃了所有努力，终于活活被饿死。

也许我们会笑鳄鱼愚蠢，可是遗憾的是，当挫折接踵而来，当失败如阴影紧随，有些人不也像鳄鱼一样放弃努力、任凭命运安排吗？

佚名《再试一次》

阅读感悟

读完这篇短文，我想起吴运铎在《把一切献给党》一书中的一句话："即使100次失败，我也要做第101次试验。"吴运铎就是凭这种精神在抗日战争那样艰苦的环境下，为八路军造出了枪弹，让前线战士消灭敌人。

综观世界上所有有成就的科学家，几乎无一人不具有这种"101次试验"的不折不挠的可贵精神。

如何才能具备这种精神呢？靠天生不出来，更非从娘胎里带得来。有位大科学家，在他的发明造福世界以后，有记者问过他这个问题，他的回答有四条：一是立志，二是信念，三是磨砺，四是不怕死。

强化练笔

《让我再试一次》

《绝望与希望有时只差一步》

《永不言败》

《明天是晴天》

§两 个 球

有一位年轻人新进一家公司，老板交给他一项简单的工作，他觉得不足以表现自己的才能，于是去要求多给他点事做。

老板说："我打个比喻，如果我丢给你一个球，你必定很容易接到。而你把那个球接稳之后，再给你第二个球，也必定能抓住。但如果当初我同时丢给你两个球，你不但不能保证都能接到，很可能一个都接不住。所以，当你做事时，两件事可以同时去做，但千万不要同时取得、同时开始。必须先把一事做妥之后，再去做另一事，以免手忙脚乱，乃至弄到两件俱败。"

刘墉《两个球》

阅读感悟

这是一位很有头脑的老板，一个小小的比喻，揭示了一个司空见惯的心理常态：很多人不懂路要一步一步地走，饭要一口一口地吃；不懂得一锹挖不成井，一口吃不成一个胖子。

其实，生活时时、处处、事事都在告诫我们：贪多嚼不烂。

小儿吃饭，口里已经满了，依旧往口里塞，无法嚼，自然无法咽，只好全吐出来；见了好吃的果子，两手一起抓，抓两个想抓三个，抓三个想抓四个，结果全滚落了，手里只剩一个，甚至一个不剩。

大人何尝不是如此?

一年,我家乡山洪暴发,鱼都冲昏了头,满河乱窜,有人下河后老老实实地站在水中,来一条抓一条,不论大小,一会儿鱼篓就满了;有人满河扑窜,见这条大想抓这条,见那条大又去抓那条,结果大的没抓到,身边小的也游走了。最终篓内空空。

强化练笔

《走稳这一步,再迈那一步》

《千里之行,始于足下》

《小议步步为营》

《钉子的启示》

§学会放弃

古罗马有则寓言：有两条河流从源头出发，相约流向大海。它们穿过山涧，最后到了沙漠的边缘，它们望着无边无际的沙漠，一筹莫展，讨论着该怎么办。其中一条河流说：“我一定要过去，找到大海。”另一条河流说：“不如回去再找机会，如果继续走进沙漠，我们肯定不久就干涸了。”

结果一条河流执著地前进，终于干涸在沙漠里；另一条河流回到了源头，等到了良机，终于流向了大海。

阅读感悟

“执著”一词，原是佛教用语，是讲信佛修性的人，却又一心关注人世凡事而不得超脱。后泛指固执或拘泥某事，与“放弃”正好相背。

时下用“执著”多为褒意，如潜心学识，乐业敬职，有一种矢志不移、百折不挠的精神。

如果从这个角度看，坚持流向沙漠的那条河，即使干涸了，也是值得赞美的；退回源头的那条河流，即使终于流向大海了，也不该称道。

如何评判行为，也要找“本源”，两条河流为什么要从源头出发？因为要“相约流向大海”，奔向大海是目标，所以“达标”就应该成为指导言行的“本源”。

一位老药农曾经给我说过一个故事，可以帮助大家辅助思考。

他说：“有一种极其珍贵的药材，可惜生长在无路可攀的悬崖绝壁之上。远近无数药农都艰辛攀登过，但都没有成功，只有我没有放弃，先后数十次，我都半途而废，这次换这条路，下次换那条路，总是走不通。我想不行，再难也要爬过去。一次，我又爬上一个绝壁，天黑了，又下起雨来，即使下山，也不可能了，这里毒蛇猛兽很多，我只好爬上树去，用绳子把自己捆在树上，好不容易天亮了，太阳出来了，我继续向上爬，心想，再要达不到目的，我也只好放弃了，这一定不是人间的药材！哪知我爬了不到几丈高，一看，药材就在身边！我高兴地大哭大笑大叫，我找到了！

原来人们只知它在无路的绝峰上，但谁也不知道具体在哪里，这种药材高不过五寸，细小如草，全长在崖畔石缝里，也许根本就不要爬那么高就能采到，真是凡事非亲历而难知其难易啊！

学会放弃，不是指没有理由的放弃，不该放弃的，绝不能放弃，老药农的故事就说明这一点。

强化练笔

《执著与放弃》

《山重水复后的柳暗花明》

《10 - 10 =0》

《一锹挖出水来了》

§砍　树

栖凤寨有一棵大银杏树，主干并不太粗，但越长越高。村里人很想把顶梢截断，使其旁枝繁生，形成树冠，多结银杏。可是无人敢上去，只好请来闻名乡野的老木匠师徒。

徒弟准备上树时，师傅说小心点；徒弟上了一半，师傅又叮嘱小心点。徒弟越上越高，树梢摇晃得越来越厉害，下面村民一个个提心吊胆，有的张大了嘴不敢出气，有的侧眼看看老师傅，他坐在地上抽烟，若无其事。徒弟上到师傅指定的地方，开始砍树，每一刀下去，徒弟都随着树梢左摇右摆，随时都有跌下的可能。村民按捺不住了，不约而同地喊："小师傅，当心！"师傅还是大缄其口，坐着抽烟，神情反而更加安详。

树梢终于被砍断了，徒弟开始下树。村民又喊："小师傅，当心！"师傅仍旧没有开口。徒弟下到离地只有一丈多高的时候，村民的心终于落地了，大家正在高兴，师傅却站起身来大声说："小心！"哪知师傅的话还没有落音，徒弟掉下来了，所幸的是离地不高，没有跌成大伤，但还是皮破血流。

阅读感悟

这篇四百多字的短文，如果没有师傅的第三次叮嘱，小徒弟终究掉下来的这两处描写，恐怕就没有可读性了。这两处应最能表达写作主旨。那么这篇短文的主旨是什么呢？可以从下面几个方面去思考：

一、老师傅的心理。他为什么只在那三个特定的时间，三次提醒小徒弟，而在村民最担心时，却坐着抽烟，若无其事？第三次提醒时不但站起来了，而且是大声的，他是否估计到徒弟要跌下来，如果会，他为什么不提前提醒？

二、村民两次最当心的提醒是不是小徒弟最危险的时候，那时候小徒弟有无可能跌下来，如果那时跌下来了，与最后跌下来是否同一原因？

三、如果你也在场，你会在什么时候提醒小师傅，最担心小师傅？小师傅跌下来的原因是什么？

强化练笔

1. 写两篇短文，分别写老师傅和小徒弟的心理状况。

2. 设想砍树以后，村民对老师傅的心理状态有不少疑惑，写篇短文，用对话形式，最好是“访谈录”，侧重写老师傅的回答，揭示《砍树》一文的写作主旨。

3. 自己命题，写一篇小议论文，如《小议“居安思危”》、《浅议“乐极生悲”》、《是“大意”还是“得意”惹的祸》。

§人生体悟

意大利洞穴专家毛里奇·蒙塔尔只身到一个地溶洞里的实验室，亲身经历了长达一年的实验。

这个名叫“先锋地下实验室”，设在溶洞内一个68平方米的帐篷内，里面除配置有科学实验用的仪器外，还设有起居室、卫生间、工作间和一个小小的植物园。

在洞外山顶上的控制室里，研究员通过闭路电视系统，观察蒙塔尔一人在长期孤独的生活情况下，生理方面产生哪些变化。

在两千多米深的溶洞里，死一般的寂静，刚开始20天左右，由于寂寞与孤独，他曾经感到害怕，怀疑自己能否坚持到底，但后来还是顶住了。他给果树和蔬菜浇水，或看书、写作、看录像。实验室里有一辆健身自行车，他共骑了一千六百多公里。

度过了一年暗无天日的地下生活，蒙塔尔重见天日。这时，他体重下降了21公斤，脸色苍白瘦削，人也显得憔悴，免疫功能降到最低点；如果两个人同时向他提问，他的大脑就会乱；他变得情绪低落，不善与人交谈，虽然他也渴望与人相处，希望热闹，但他的确已丧失了交际的能力。

蒙塔尔说：“过了一年我才知道，人只有与人在一起时，才能享受到作为一个人的全部快乐。过去，我喜欢安静，常倾向独处；现在，我宁可选择热闹，而不要孤寂。这场实验使我明白了一个人生的奥秘:生活的美好在于与人相处!”

这让我们忽然想到一种小动物——海底深层的小小扇贝,它们终日紧闭着自己的壳,让人们以为它是无情而坚硬的石块。可是,它的内心明明是柔软如缎,而且有着美丽的珍珠,却那样不被外界人所熟悉。

所以,如果要想得到快乐,就把自己展示出来吧!

快乐与美好应像风中的花粉,带给别人一缕愉悦时,自己也暗香盈袖。

若风尘《蒙塔尔的人生哲学》

阅读感悟

我少年时爱读《鲁宾逊漂流记》,年轻时喜读《地下十年》,现在回想起来,当时多少有些猎奇心态,喜欢探寻离自己很远的人和事,一度十分关注“天外来客”飞碟、喜马拉雅山雪人、原始森林里的毛人狼孩。

慢慢地我就懂得了,其实人最该关心的是自己身边的人和事,懂得了人的生存离不开人,离不开人群。人离不开家,家离不开邻居,人群离不开社会。俗话说“美中美,山间水,亲中亲,故乡人”,在异乡遇到家乡人,“老乡见老乡,两眼泪汪汪”,都是这个意思。

蒙塔尔在溶洞里生活了一年,最深的感受是孤寂,他回到“人间”以后,揭示的奥秘是:生活的美好在于与人相处。

遗憾的是有些人体会不到与人相处的美好,虽然他也生活在人群之中,但他是孤寂的。他看谁都不顺眼,谁的话都不对,都听不进去,他处处防备别人、猜忌别人,他心里有怨、有苦,找不到倾诉的地方,有欢有乐,无人分享,自己把自己封闭起来,与人隔开,如果这种人肚里也有“珍珠”，可他却被“壳”紧闭着，在别人眼里他也就成了坚硬的石块。

强化练笔

《从扇贝想到人》

《出走孤寂》

§两个故事

一

一条崎岖的山路上，两个陌生的人都提着沉重的东西，艰难地向上走，气喘吁吁。

谁都知道，同样重的东西，提着非常吃力，挑在肩上，就轻松多了。于是一个人在路边买了一条扁担，对另一个人说："兄弟，把你的东西拿过来，我帮你挑着。""谢谢！"两人轮换着挑，边走边谈，沿途看着山景，轻轻松松地上了山顶。

二

一次激烈的战斗中，上尉发现一架敌机向阵地俯冲下来。按照常理，发现这种情况，应该毫不犹豫地就地卧倒。

就在此时，上尉发现离他四五米外，一位小战士还站在那里，上尉顾不得自己，一个鱼跃飞扑到小战士身上，两人同时倒地，上尉把小战士紧紧地压在身下。

一声巨响，飞溅起的泥土纷纷地落在他们身上。

飞机飞走了，两人爬起来拍拍身上的尘土。抬头一看，顿时惊呆了：被炸弹炸出的两个大坑，正是上尉本来该卧伏的地方！

阅读感悟

为了帮助同学们感悟这两则故事，我先说一个我听来的故事。

据说一座山上，有一棵百年老人参，许多人都找不到。

有两个药农相约上山寻找，找了十几天，还是不见踪影。一天，天快黑了，一个药农终于找到了，高兴得手舞足蹈，又唱又叫。为了更有力气把人参挖起来，他先啃了几口干粮，又喝了几口水，正信心十足地准备投入战斗。刚刚举起药锄，忽然一声惨叫，另一位药农掉到悬崖下面去了，正在呼救，他像泄了气的皮球，径自叫苦：这真倒霉，天快黑了，去救他吧，明天也许就找不到人参了，不救他吧，哪有那个理呢？于是只好扛起药锄，悻然向悬崖奔去。

朋友救上来了，回到家里这个药农气得一夜未眠，心里老想着那棵人参。第二天清早，摔伤的药农躺在家里起不来，他只好独自一人又上山去了，可是又连找了两天，没有找到，回来更气，悔不该为了救他，把这样一棵好人参丢了！

第五天清早，他又上山了，功夫不负有心人，人参找到了。太阳照在山上，到处都是花红草绿，心里也像开了花，正举着药锄准备挖，突然发现，紧贴着人参的旁边，有个脸盆大的洞，低头一看，洞里有条碗口粗的大蟒蛇，他差点吓得栽倒，倒吸几口冷气，额头上的汗也下来了。他立即想到，那天晚上天黑了，如果他下了锄，命也就完了。

挖出参回来，他跑到朋友家，连说三个谢字，故事一说，两人都开怀大笑起来。请记住：帮人，有时就在帮自己；救人，有时就是救自己！

强化练笔

《一个助人为乐的小故事》

《事小,理不小》

§想 想 自 己

有位老师要班上每位同学以最快的速度写出自己最不喜欢的人的名字。

30 秒之内:有人仅能写出 1 个;有人一个写不出;有人一口气写了 15 个,他说时间允许,他还可以再写出一些。

阅读感悟

这是一个“小实验”。你可以评价这位命题的老师有些“居心叵测”。

我则认为这位老师很懂教化。

我以为教师或者父母,要想教育好孩子,首先要了解孩子,要想把孩子等同大人看待,是非对错,也不能用衡量大人的尺子去作标准,孩子就是孩子。

孩子心中的“最不喜欢的人”,绝非以什么大是大非为标准的,往往为一句话,一件鸡毛蒜皮的小事,就闹翻了,就你不理我,我不理你,对方也成了“最不喜欢的人”,但一转背,过不了三天,又烟消云散了,又重归于好了,又成了“最喜欢的人”。这点,大人就做不到,想学都很难。

孩子都是要长大成人的,总不能永远是这样看问题,这样对待人和事,如果有些不利成人、成才的小毛病,就要尽早发现,正确引导,加强教化,防微杜渐,使之健康成长。

这里必须提醒,如果你确实看谁都不顺眼,谁的话都听不进去,心中只有你自己,唯我独尊,唯我正确,不喜欢与任何人交往,独来独往,他人都是你不喜欢的人,你真得要好好反思自己,说得武断一点,问题就在你自己身上!

强化练笔

《这件事,是自己错了》

《喜欢与不喜欢,都该有标准》

阅读附文

画　画

画家有个6岁的孙女叫婷婷。婷婷也喜欢画画。

婷婷画了一棵树。

他说:“婷婷,你画的树不对!”

婷婷说:“怎么不对呢?”

他说:“树枝怎么能比树干粗呢。”

婷婷说:“树枝怎么不能比树干粗呢?”

他说:“树枝比树干粗就不是树了。”

婷婷说:“不是树你怎么说是树呢?”

他无话可说。

婷婷画了一只兔子。

他说:“婷婷,你画那小兔子不对!”

婷婷说:“怎么不对呢?”

他说:“兔子哪有红色的。”

婷婷说:“兔子怎么就不能有红色的呢?”

他说:“红色的就不是兔子了。”

婷婷说:“不是兔子你怎么说是兔子呢?”

他无话可说。

婷婷画了匹马。

他说:“婷婷,你的马画得不对!”

婷婷说:“马怎么画得不对呢?”

他说:“马没有翅膀。”

婷婷说:“马怎么就不能有翅膀呢?”

他说:“有翅膀就不是马了。”

婷婷说:“不是马你怎么说是马呢?”

他无话可说。

婷婷画了一只老母鸡,老母鸡下了一个蛋,那蛋比母鸡还大。婷婷就拿去参加西班牙一个国际儿童画展,结果婷婷得了一等奖。画家心里犯嘀咕:“这洋人,怎么跟孩子没两样呢?”

王奎山《画家和他的孙女儿》

§雅　量

明朝有个叫杨翥的人，雅量大度，被乡人传为美谈，他的故事很多，略举几个：

杨翥的邻居家造屋，因场地太小，匠人计算不周，结果屋造起来后，屋檐却延伸到杨翥家墙内来了，邻人家也感到不好意思，但又无奈。杨翥的家人很不愉快，因为一下雨，邻人家屋上的水就全流进了杨家，杨翥却劝慰家人说："毕竟晴干之日多，雨湿之日少，不要计较！"随之两家相安无事。

另一邻家又因墓地过界，同样令杨家人不愉快，杨翥又说："普天之下皆王土，终究都不是哪家的，让他一点吧。"亦相安无事。

村里孩子最喜欢在山上放牛玩耍，一群孩子玩疯了，不慎把杨翥家的老坟石碑弄倒了，按迷信说，石碑倒了是不吉利的，守墓人向杨翥报告，杨翥听了非但不生气，反而立即问："有否伤着孩子?"守墓人说："没有。"杨翥说："真是幸运，没有就好！告诉孩子家长，看好孩子，不要吓着他们！"

阅读感悟

这本书中，有一则故事讲一位科学家做实验，一个人在一个溶洞里生活了一年，上来以后，他再也离不开人群了，体验告诉他，人必须与人生活在一起。

人与人之间相处，亲情也好，邻里也好，朋友也好，同事同学也好，就求一个和谐。有和谐，便有不和谐。为什么不谐和呢？就因为有些人喜欢从别人身上找毛病，也就是把责任推到别人身上。其实，欲求和谐，必须从自己身上找差距，正己方可正人，人正己正，关系就和谐了。

当老师的都有体验，经常要处理同学之间的纠纷，几乎全是鸡毛蒜皮的小事。

有经验的、有责任感的老师绝不放过这些“针头线脑”的小事，事小义大。如不引以为鉴，从小养成习惯，大了就难改，就会遇事便争，不胜不肯罢休，对的该争，不对的呢？与其等长大了再改，不如现在养成宽容大度、容忍谦让的习惯。更重要的是，“改”非常难，一棵小树弯了，可以设法矫正挺直，你见过一棵大树弯的变形了，有办法把它变直吗？道理同在！

杨翥是一面镜子，杨翥为什么有这样的雅量？在于杨翥对问题的认识，邻里屋檐延伸到他家院子里，别人本也无奈得很，已经感到不好意思了，硬让人家拆？杨翥能从另一角度看，毕竟阴天少，晴天多。矛盾化解了，关系和谐了。

这样的例子太多，我们不但要看，更重要的是，还要学习。

强化练笔

《他是让我，不是怕我》

《一件小事的反思》

《学会宽容》

阅读附文

冒　名

李斯特是世界驰名的钢琴演奏大师。

有一位年轻的女钢琴家到欧洲去演出，海报上打出“李斯特学生”几个字，其实她不是李斯特的学生，甚至没有见过李斯特。

正巧，李斯特也来到这座城市，这下女钢琴家急坏了，便惶恐不安，慌忙找人向李斯特求情，请求宽恕，她这样做无非是想借李斯特的大名多招徕一些听众。

李斯特听了以后非但没有生气，反而托来人把那位女钢琴家找来说：“请把你演奏会上要弹的曲子弹一曲给我听听。”于是女钢琴家弹了，李斯特听后指出了她的不足，并为她做了示范，然后说：“现在我已经教过你了，你以后就完全可以说是我的学生了。”

女钢琴家出门时，李斯特又说：“如果你的海报还没有贴，还可以加上‘李斯特亲临演奏’。”

§朋 友

司马迁在《史记·季布栾布列传》中，写了一对真正的朋友。

彭越在当老百姓时，曾与开封的栾布交为好朋友。

栾布家里很穷，只好到临淄去给人家当了酒保。不久，彭越落草为寇，栾布被卖为奴隶。

栾布武艺高强，当奴隶时替主人报了仇，被燕将臧荼看中，提拔他当了都尉。后来臧荼反汉，汉王俘虏了栾布。

不久，彭越被封为梁王，为栾布赎了罪，并让他做了梁国的大夫。

栾布奉命出使齐国，就在此时，彭越被诬陷谋反，被处以死刑，头被挂在城墙头上，而且贴有告示：有谁来收尸祭奠的立即逮捕。

栾布出使回来，立即赶到城下，拜祭彭越。官吏立即将他逮捕，并报告了刘邦，刘邦说："把他煮了！"栾布面不改色，大气凛然地说："让我说一句话再死！"刘邦问："什么话？"栾布说："当初若不是彭越参加垓下会战，项羽不会灭亡。彭王并无谋反之意，你因一点小事误杀了他，以后有功之臣不是人人自危吗？"

说完，栾布大步向汤锅走去。刘邦一想不错，宣布释放栾布，并任命他为都尉。

阅读感悟

小时候就知道有句话:“朋友多,像草原样广阔;朋友少,像手掌样窄狭!”至今记得。

人活在世上,不能没有朋友,一个篱笆三根桩,一个好汉三个帮。好汉都要人帮,谁不要朋友呢?有困难时,相互帮助,没有困难时,相互鼓励,这是朋友,能同甘苦。

最高境界是共患难、同生死,如文中写的栾布与彭越。历史上这类例子很多,但有一个前提赴死是为肩担道义。不能只做“酒肉朋友”,更不能盲目曲解,讲“哥们义气”,朋友错了,甚至犯法了,你也“两肋插刀”,这类教训已经非常之多,要引以为鉴。

强化练笔

《他是我的好朋友》

《你的想法不对》

《相益与相害》

§骨 气

民间流传许多关于金圣叹的美谈，夸奖他的才学、品性，特别是他的胆略、骨气，可谓铮铮铁骨，大气男子。

金圣叹是个大学问家，尤其他批注的“六才子书”，更是广为流传。

金圣叹对清朝的“文字狱”极其愤慨，到处大叫：“孔子死了！”并带学生去哭孔庙，表示强烈抗议。

清朝统治者以“蛊惑介乱”判他死刑。他的儿子梨儿和女儿莲子去探监，涕泣而说不出一句话来，金圣叹却信口吟诗宽慰他们：“莲（怜）子心里苦，梨（离）儿腹内酸。”表面上看是说儿女心里痛苦，所以口头不说话，实际上也是说他自己，就要被处死了，“离开儿女，心里何尝不痛苦”？“怜惜儿女今后无人照顾，腹内何尝不酸楚”？

据说皇帝虽判了他死刑，但也爱惜他的才能，曾对监斩的人说，如果他在法场上能悔过认罪，还是刀下留人。就要开斩了，金圣叹突然说：“快拿纸笔来，我有重要的话要留下来。”监斩官一听高兴了，以为他要写悔过书了。哪知等他写完了一看，纸上竟写的是：“花生米与豆干同嚼，大有火腿之滋味。得此一技传矣，死而无憾也！”监斩官是个浑蛋，不知其意是什么用心，一刀下去，金圣叹的头落了地。

金圣叹死后从他的耳朵里滚下两个小纸团，一个是个“好”字，一个是个“痛”字。

有的说金圣叹临刑前昂首苍天，高声吟诗：“天公悼我地亦忧，万里江山尽白头。明日太阳来吊孝，家家户户泪长流。”

阅读感悟

经常听到父亲教育孩子，你小子也学学有点骨气。何谓骨气？辞书上释为：“坚强不屈的气节。”那什么又叫“气节”呢？坚持原则，绝不屈服的高贵品质。

记得一次我问一个学生：“你说说什么叫骨气？”他说：“就是不怕死。”我再问他：“你父亲教你应该有骨气，是不是教你不要怕死？”他笑笑，没有回答，或一时不知怎么回答。

我以为“骨气”一词，有必要跟同学们讨论一下，于是就在班上讲了《骨气》这篇短文，讲完了我问同学们：“金圣叹被斩以后，从耳朵里滚出两个小纸团，一边是个‘好’字，一边是个‘痛’字，这是什么意思？”

大家一时答不出来，教室里乱哄哄的，显然是在争议。终于有个学生站起来说：“这说明金圣叹也是人，他也知道杀头好痛。说他不怕死不准确，不怕死就是不珍惜生命，人没有不珍惜自己生命的，但真正到了为正义而死的时候，不能怕死，视死如归就是不能怕死。”

听完这个学生的回答，我带头鼓掌，全班掌声如雷，一个中学生听完一篇短文，有如此深的感悟，非常可贵！

我接着告诉大家，读文章不能局限文中写的某人某事，去转圈子，贵在是能引发的感悟与思考。

有骨气，我们就是要学习坚持，不屈服。大家想想，只要能坚持，永远不向困难屈服，世上的什么事做不成？人活在世上，有两件事是永远做不完的：一是学习做人，二是学习求知。做人、求知有多少困难，所以你父亲教你要有骨气，就是教你对困难不要屈服，要坚持！

强化练笔

《坚持是执著的基础》

《难与易是相对的》

《柳暗花明的回首》

§一 句 话

从前有一位爱民如子的国王。在他的英明领导下,人民丰衣足食,安居乐业。深谋远虑的国王最担心的是他死后,人民是否还能过上好日子。

一天,他召集国内有识之士,命令他们找出一个确保人民幸福生活的永世法则。

三个月后,一位学者把三本六寸厚的帛书呈给国王,说:“国王陛下,天下的知识都汇聚在这三本书内,只要人民学着去做,就会确保生活无忧了!”国王不以为然,他认为人民无法看完这么厚的大书,命令他继续钻研。

两个月后,学者把三本书简化成一本,国王仍不满意。

再一个月后,学者把一张纸交给了国王,国王很高兴。国王打开纸一看,上面只有一句话:天下没有不劳而获的东西。

佚名《天下没有不劳而获的东西》

阅读感悟

一天中午,我与一位朋友在一起喝酒,朋友说:“我下午还要到 H 市去。”

我问:“你怎么去?”他说:“去 H 市才一百多公里,四个轮子一转就到了。”

设想一下，在没有汽车、火车、轮船、飞机之前，人是怎样从这里到那里的呢？我相信大家不会误解我的话，我不是怀念徒步。

人人都向往“天堂”，“天堂”是什么样的呢？飞机也开不上去。但人类终究是要进“天堂”的，怎么进“天堂”？这位好心“国王”的愿望肯定不能实现。

其实国王的“深谋远虑”并不高明，他只担忧他死后，人民过不上好日子，这有道理，国为他的臣民现在很幸福，是依赖他的英明领导。但他没有考虑到，也许他死后，人民会过上更好的日子，这更有道理，因为有两个可能：一是有一个比他更英明的国王主政，二是有个浑蛋国王主政。如果是后者，人民就会自己求生，创造幸福了。

天下没有不劳而获的东西！

强化练笔

《没有轿子抬你进天堂》

《出自己力，流自己汗，吃自己饭》

§并非笑话

遗　嘱

某公执教于穷乡僻壤，壮心长存。欲为文，有投必退；欲事丹青，画虎类犬；欲经商，血本赔尽……穷年累月，百途未通。而桃李无数不乏名人学者。临终，子孙求其遗嘱。切齿有顷，吐六字："知人易，知己难。"咽目不瞑。

井蛙诫

井老蛙临终，诫小蛙曰："余浑噩一生，暮年始醒，井外有天，天大焉哉！由此推之，井外之万物大焉哉！大则霸，霸则狠，狠则毒，尔等出井，必遭荼毒。万勿出井，万勿出井！"

小井蛙皆战栗，稽首如捣蒜。

戴逸如《启锁斋笑林》

阅读感悟

作为教了一辈子书的我，对某公的六个字，感触要比青少年朋友们多一些，或者说看的角度不尽相同。

某公百途未通，症结在哪里呢？可能不是他的天赋太差，如果太差，他又怎样能教出桃李无数，且不乏名人学者的学生呢？

当然，不能把这些桃李、名人、学者成才的功劳全归于“教”，全归到某公身上，但也不能全盘否定。

起码可以说：某公的教育教学方法很不错，他可能很懂得“因材施教”，因材施教的前提是必须知才。知才不是单指学生的智力因素，而是要全面了解学生的智力因素、品德性格、理想、欲望、特点等，只有了解全面，才能因材施教、有的放矢。

可以说，一个好教师，都必须先了解学生，才能教得好学生。

再回过头来说某公自己，他既不是天赋太差，何以百途未通呢？症结很明显，他昨日为文，今日为画，明日又为商，问题就出在为文不成而为画，为画不成而为商，朝秦暮楚，浅尝辄止，他的悲剧，就在于了解自己不像了解学生。这些如果放在学生头上会被马上发现，并立即严厉指责，告诉学生这样将一事无成，必须学一行就得持之以恒、矢志不移。这就是知人易，知己难。

值得高兴的是，某公终于在临终前大悟了，六字箴言诚然对自己毫无用处了，但对后人却价值连城：人，必须知道自己！

老蛙却很悲哀了！怎么悲哀呢，它不是暮年也“醒悟”了吗？你细细看看，它是怎么“醒悟”的，只有一句是正确的，它终于知道，井外有天，天大焉哉！他是怎么知道的？可以肯定说，不是亲身经历，如若亲历，就绝不会发出后面一系列凭臆测的谬误论断。

它对小蛙们的“诫”百害而无一利！老蛙的后代，如果没有敢冒险出井的，恐怕非但它们永远是井蛙，而且子子孙孙都永远只能“坐井观天”。

强化练笔

《我的自画像》

《长短都不是绝对的》

§羊 与 狗

在印度流传着这样一个故事,一次,国王问一位大臣:“为什么世上羊能成群,而狗不能成群?”

聪明的大臣没有直接回答国王,而是做了一个实验。快到傍晚的时候,大臣陪国王来到两间屋前,命人在一间屋里先放了100只羊和一堆青草,另一间屋里放了100只狗和一堆肉饼。然后把门锁好走了。

次日清晨,大臣又把国王请到两间屋前。国王看到:一间屋里草被吃光,羊安然地睡着了;一间屋里血腥扑鼻,许多狗已奄奄一息,肉饼还在食槽里。

国王迫不及待地问大臣什么原因,大臣说:“羊在利益面前,善于协作。狗则钩心斗角,为利益而互相残杀,这就是羊能成群,狗不能成群的道理。”

曹勇《协作的力量》

阅读感悟

有句名言叫做“物以类聚,人以群分”。这句话的本意是指同类的东西聚在一起,不知后来怎么衍变成一个贬义词,似乎专门用来比喻坏人彼此臭味相投、勾结一气了。

我们常说,羊群、马群、牛群,极少听说狗群。如果说狗性近似狼性，那么又有狼群之称，狼何以能成群？动物学家和心理学家提出许多鲜为人知，乃至值得人类借鉴的道理。

读这篇短文，不是要我们讨论羊与狗，而是要我们学会友善谦让，不要钩心斗角！

人，生活在一个地域内，许多生存条件都该是共享的，有时真有点像《红楼梦》里所说那几大家关系那样“一损俱损，一荣俱荣”，所以谦让，是为别人，更是为自己！

强化练笔

《退一步，海阔天空》

《小议“海纳百川”》

§挖　井

两个小和尚分别住在两座山上，山下有一条小溪，他俩每天都在同一时间下山去挑水，自然就相识了。

突然一天，左边山上的小和尚去挑水，没有见右边山上的小和尚来。一周过去了，一个月过去了，始终未见到右边山上的小和尚。左边山上的小和尚决定去看看。

左边山上庙里的小和尚来到右边山上的庙里以后，不禁大吃一惊，见右边山上小和尚在庙里打太极拳。便问道："这么长时间未见到你下山挑水，你们是怎么生活的呢?"右边山上小和尚笑笑，把他带到一口井边说："你看看，这是我们全庙的和尚在做完功课之余，齐心合力挖的一口井，这口井已经干了好多年了，直到一个月前才出水，所以我一个多月未下山了。"

郝洪亮《为自己挖一口井》

阅读感悟

人无远虑，必有近忧。足见凡有"远虑"之人，必因"近忧"而起。

80岁奶奶砍黄蒿，一日不死，一日要柴烧。老奶奶天天上山砍柴，苦不苦？苦！忧不忧？忧！但忧又奈何呢？不砍柴饭就煮不熟，活着总不能一天不吃吧。她有没有"远虑"呢？可能没有了，因为她知道来日无多，活一天是一天。

右边山上庙里住的和尚，起码是老和尚无吃水之忧，有小和尚下山去挑，小和尚老了又有小和尚接着挑。但他们很明智，不论谁挑，从山下挑水上山吃，总是很吃苦，总不是长久之计，于是有了“远虑”，开始打井，就地取水。

人活着，即使没有“近忧”，也该有“远虑”！

强化练笔

《近忧与远虑》

《“望梅止渴”的联想》

《浅谈穷则思变》

《一劳永逸的体悟》

§自　荐

在《汉书·东方朔传》中，有一段东方朔给汉武帝的自荐文字，很值得一读。

下面是东方朔自荐的话：

我少年失去父母，靠兄弟养成人。12 岁开始读书，学习文史、剑法；16 岁学《诗》、《书》，就能记诵二十二万言；19 岁学孙、吴兵法，精通兵法、征战技术，能背诵的大约有四十四万字。

我今年 22 岁，身高九尺三寸。眼睛明亮似珍珠，牙齿洁白似贝壳，孟贲般的勇猛，庆忌般的敏捷，鲍叔般的廉洁，尾生般的诚信，像我这样的人才，应是皇上最理想的大臣吧！

阅读感悟

听一位朋友发表“高论”：这年头什么都没有也要说有，学一就要说十，自己不抬高自己，谁来抬你？假文凭没有查，他就是硕士博士；拼凑抄袭成的书，没人揭发他，他就是作家教授。有本事的反倒谦虚，那是天下第一的傻帽！

这话自然不对，他自己也知道不对！这样说，他是心里有怨气，看不惯吹嘘假造。

假造吹嘘不好，那是品质不高的表现，还是谦虚好。但过分谦虚呢？虽然谈不上坏，但也不能提倡，因为往往会误事，某事需要人做，但是条件很高，其实你很合格，但谦虚说这也差，那也差，别人怎么用你？你落选了，人家也耽误了事。

正确的态度是实事求是，有一说一，有二说二，实事求是也是一种可贵的品质。

真正能做到实事求是，其实很不容易。因为凡在“推荐”自己时，都会有一个目的。为了达到这个目的，学识不太高的人，往往会不自觉地把自己抬高一点，当然还谈不上吹嘘；学识很高的人，往往在品德上抬高点法码，想让别人知道，德才兼备，谦虚一点，不影响学识。

东方朔的“自荐”呢？我以为既不说不实事求是，也不能说是标准的实事求是。说眼好就行了，不一定要加“似珍珠”；说牙白就行了，不一定要加“似贝壳”，后边的勇猛、敏捷、廉洁、诚信，也只要说出来就可以了，未必要那么多定语，这就反而有点不实之嫌了！

强化练笔

《我的自画像》

《时时注意矫正自己》

并非寓言

从前有一位画家,想画出一幅人人见了都喜欢的画。画毕,他拿到市场上去展出。画旁放了纸笔,并附文说明:请每位观赏者,如果认为有欠佳之笔,可在画中标上记号。

晚上,画家取画回家,发现整个画面全被打上记号,没有一笔不被指责。画家十分不快,对此次尝试深感失望。

画家决定换一种方法试试。他又摹了同样一张画到市场去展出。可这次他的附言是:请每位赏画者在认为最欣赏的妙笔处打上记号。

晚上,画家收画回家,他惊奇地发现,每一笔上又都被打上了记号。

"哦!"画家不无感慨地说道,"我现在发现了一个奥妙:我们不管干什么,只要一部分人满意就足够了。因为有些人看来是丑陋的,另一些人来看却是美丽的。"

占梅姿《一则为青年而写的寓言》

阅读感悟

读这篇现代寓言,容易产生误觉,是不是讲人无论干什么事,都只要一部分人满意就行了呢?不能排除这种客观因素,因为凡做一件事,想让所有人都满意很难。

但我以为，画家发现的“奥妙”，并非是无懈可击的“真理”。这要看什么事，如果你做的事涉及别人，就应该考虑大多数人，如果不涉及别人，则可以“我行我素”。

画画这个例子不行，作画，除关己之外，更多涉人，《永恒的微笑》上恐怕打不欣赏记号的不多，“维纳斯”身上恐怕打不欣赏记号的也不多！

世上的事，有时可以只从一点看，有时必须从多侧面看。

强化练笔

《肯定与否定》

《肯定并非都是赞美，否则未必就是恶意》

《我见，你见，他见》

《确定对，别怕评头论足》

§领　悟

有位樵夫生性愚钝。有一天,他上山砍柴,不经意看见一个从来没见过的动物,于是就上前去问:“你是谁?”

动物开口说:“我叫领悟。”

樵夫心想:我就是缺少领悟啊,把它提回去算了!

这时,领悟说:“你现在就想捉我吗?”

樵夫吓了一跳,我心里想的事他都知道了。我不妨装出一副不在意的样子,趁他不注意时再把它捉住。

领悟又说:“你现在又装作不在意的样子来骗我,想趁我不在意时,再捉住我!”

樵夫的心理被领悟看透了,所以樵夫很生气。

这时领悟又开口了:“你因为没有捉住我而生气了。”

于是樵夫从内心检讨起来:我心中的事,好像反映在镜子里一样,完全被领悟一一看清,我应该把它忘记,用心砍柴,我是为砍柴而来的,不应该有太多的欲望!

樵夫想到这里,就挥起斧子继续砍柴,用心砍柴。可是,一不小心斧头掉了下来,却意外地把领悟压住了,终于捉住了领悟。

我们常去想领悟真理,却反而为这种执著而迷惑、困扰,因此,只要恢复率直之心,彻底顺从自然,道理就随手可得了。

刘墉《领悟》

阅读感悟

领悟，就是领会，就是理解了、明白了、懂了。

老师讲课，唯恐学生不领悟，所以反复强调，不厌其烦，苦口婆心地讲。

鲁迅先生有句话，大意是说，越是不明白的地方，越是反复地讲，越是让人不明白。领悟，有时不是单靠别人讲析、阐释所能得到的。为什么许多有经验的老师都重点拨、善开导呢？因为真正的“要领”获取，是自己慢慢“悟”出来的。

愚钝的樵夫的例子足以说明，“领悟”反复跟他说，他都不理解、不明白。索性安心砍柴吧，结果不留神，斧头落到“领悟”身上去了。他终于“领悟”了！

听课、读书，重在领悟，领悟是有层次的，有些人“学一当十”，说他没学不对，他学了一，但他以为学到了十；有些人“学十当一”，始终不满足，认为自己还不够，还要继续学。“领悟”也是如此，不要小悟辄止，要求能大悟大彻。

强化练笔

《“领悟”体现耐性》

《书读百遍，其义自见》

《别怕走点弯路》

《再谈画蛋》

§考　试

台湾桃园中学三年级的学生，对考试联想活泼，饶有趣味：

一想到考试，我就想，考试卷是怎么发明的？

一想到考试，我就想，考题最好有错，以便加分！

一提起考试，就想起老师通红的脸。奇怪，我们学生不急，当老师的急什么？

考试是老师和家长打人、骂人、训人的借口！

考试是老师与老师争面子的比赛！

考试，唉，人在江湖，身不由己！

唉，考试，一年级时，心生畏惧；二年级时，水来土掩；三年级时，家常便饭。

不"烤"不成器，一"考"就生气。

提起考试，我就想到外婆家的老母鸡，因为它会下蛋。

一到考完，一问试卷，我就二目发呆，三心二意，四肢发抖，五指麻木，六神无主，七魂出窍，八九不离十，今夜又有暴风雨！

阅读感悟

读完这篇短文，我马上想起老舍先生的一篇幽默散文，写的也是考试。

老舍先生写道："考试制度是一切制度里最好的，它能把人指使得不像人了，而把脑子分成若干个小块，一块装历史，一块装化学，一块……比如早半天考代数，下午考历史，在午饭的前后，你得把脑子放在两个抽屉里，中间连一点缝没有才行……”

我曾经和几位老师在一起闲聊考试。考试让学生头痛，老师何尝不头痛呢？一位老师深有感慨地说：“如果世界从今废除考试，学生肯定大呼万岁！”我听了笑笑说：“那不可能，如果真能那样，我就不呼万岁！”

我深信，大家都能正确认识考试，不多说了。

《考试》一文中桃园中学生的话和文前老舍先生的话，都是“气话”，这种“气”又不是真正的“气愤”，而是一种无奈，从为文的角度看，都是“幽默”，幽默一回，出出“气”而已！

我最欣赏《考试》中的一句是“提起考试，我就想起外婆家的老母鸡”。

母鸡不下蛋，与公鸡还有什么区别？学习不求收获，还要学习干什么？怎么检验收获呢？考试，考出优秀成绩。

没有一个学生对考试没有自己的感受，不排除《考试》中的这些幽默感受，更多的是那些具有积极意义的感受。

青少年朋友们应当正确认识考试。

强化练笔

《“考试”之我见》

《一次考试的反思》

《考试，永远站在起跑线上》

《今夜有暴风雨》

迟开的花朵

不管你爱听不爱听,大家叫你"后进生";不管愿意不愿意,待遇就是不平等。你看惯的是脸色,听惯的是批语。先流的是泪水,后做的是抗争。倔强的自尊,却掩不住自卑的心理;勉强的欢笑,却抹不尽酸楚的愁容。也曾努力上进,可架不住那些怀疑的眼睛;也曾想过出类拔萃,可终究还是做梦。

时隐时出的,是离异的父母的身影;真想离开的,是凄凉恐怖的家庭;令人发怵的,是无法听懂的课程。更有难堪的,是排行榜上的姓名。

听说过,财运亨通的也许目不识丁;看见过,招摇过市的靠的是投机钻营。有的破罐破摔,有的听天由命。"爱心清脆悠扬,谁知我们的苦衷"!

后进生大多很聪明,有的特机灵;后进生保守少,不愿因循守旧盲从;后进生敢想敢做,几番尝试几分英雄;后进生直来直去,不爱搞阿谀奉承;后进生体魄健壮,因为好玩,正处在成长发育之中;后进生深沉早熟,是得益于以往的逆境;后进生知恩重义,只是深埋在心的底层,几度春秋再相遇,对老师最热情!

也许是上帝开的玩笑,有些事硬叫人不懂:那个叱咤风云的企业家,曾经就是后进生;那个常站办公室的后进生呢?如今正是商海弄潮的大亨。

天方夜谭似的故事，却又极其可信：绝不能用一把尺子、一杆秤去衡量后进生的特殊后劲！后进，有金不换的猛醒；后进，有深埋下的火种。爱因斯坦、郭沫若、鲁迅、牛顿、华罗庚，他们都受过挫折，但都大器晚成！

后来者可以居上，荒芜地可以繁荣，因为有宝贵的教训，便有突发的冲锋。

正视自己，你要反省；相信自己，你要坚定；把握自己，你要持恒；鞭策自己，你要警钟长鸣！“水激石则鸣，人激志则宏”。在希望的田野上，“天生我才必有用”！

张连元《迟开的花朵》

阅读感悟

所谓“后进生”，是过去的一种提法，现在学校里，几乎已从同学和老师的口中消失了，这是对的。学生进校都是学生，即学习人生，在同一起跑线上，不分任何类别与等级。

由于种种不定因素的决定，人的先天与后天存在一定的差异，这是客观的。身体有强弱，个子有大小，思维有快慢，有的伶牙俐齿，有的木讷寡言……

传统教育中，世人偏见中，往往以成绩好坏来区分学生，这是一个长期形成且难纠偏的客观现实，其实，这是错误的！学习成绩只是人的素质中的一种，要讲综合素质。再说一个人不可能样样都比别人长，也不会样样都比别人短，即各有所长，各有所短。

既然现在已经没有人再提“后进生”这个词了，何以还要把这篇文字拿来让我们阅读感悟呢？我也犹豫过，但终究还是用上它，因为我认为它是一篇很好的范文，作者观察得细，了解得深，写得很透，起码在如何写人上，能给我们启迪与借鉴。

我在自己《子规夜半锋啼血》一书里，就写了几个这样的学生，他们个个都是好学生，只是成绩较差，而且都各有特殊情况，并非全因不努力。

认识这些学生，了解这些学生，从他们身上发现亮丽与高贵，对他对我们自己，都是双向收获。

强化练笔

《我的自画像》

《××同学二三事》

《十指分长短》

《知彼，有助知己》